Chögyam Trungpa

Der Angst ein Lächeln schenken

Chögyam Trungpa

Der Angst ein Lächeln schenken

Mit einem Vorwort von Pema Chödrön

Herausgegeben von Carolyn Rose Gimian

Aus dem Englischen von
Michael Wallossek

WINDPFERD

Titel der Originalausgabe *Smile At Fear*
Erschienen bei *Shambhala Publications, Inc.*

Aus dem Englischen übertragen von *Michael Wallossek*
Der Verlag dankt Barbara Märtens für die Durchsicht der Übersetzung
im Sinne des Vermächtnisses von Chögyam Trungpa und des Copyrightinhabers.

1. Auflage 2011

Umschlaggestaltung: KplusH Agentur für Kommunikation und Design, CH-Amden
Umschlagfoto: Gerhard Poschung
Layout und Grafik: Marx Grafik und ArtWork
Gesetzt aus der Adobe Garamond
Druck: Himmer AG, Augsburg

Printed in Germany
ISBN 978-3-89385-659-6
www.windpferd.de

Inhalt

Wenn Ihnen etwas Angst einjagt, sollten Sie sich mit der Angst befassen. Sie sollten untersuchen, warum Sie verängstigt sind, und zu einer Art innerer Gewissheit gelangen. Sie können sich die Angst tatsächlich anschauen. Dann verharren Sie nicht länger in einer von Angst bestimmten Situation, die Sie fertig macht. Die Angst kann besiegt werden. Sie können frei sein von Angst, sofern Sie sich klar machen, dass die Angst kein Menschen fressendes Monster ist. Sie können im Angesicht der Angst bestehen und furchtlos werden. Freilich setzt dies voraus, dass Sie beim Anblick der Angst ein Lächeln für sie übrig haben.

Chögyam Trungpa, *Große Östliche Sonne*

Vorwort

Vertiefe ich mich in die Unterweisungen Chögyam Trungpas, dann kommt es mir so vor, als tauchte ich in einen Brunnen ein, aus dem sich unaufhörlich Weisheit schöpfen lässt. Seit über dreißig Jahren kehre ich nun immer wieder an diese Quelle zurück. Und jedes Mal aufs Neue stelle ich fest, dass sie etwas enthält, das mich inspiriert, vor eine Herausforderung stellt oder auf meinem Weg voranbringt. Angesichts der großen Probleme, mit denen unsere Gesellschaft und jede/r Einzelne von uns heutzutage fertig werden müssen, gilt erst recht: Trungpa Rinpoches Unterweisungen sind da – sie sind da, um uns weiterzuhelfen.

Wie aber kann es sein, dass die Worte von jemandem, der vor über zwei Jahrzehnten dahingeschieden ist, so erstaunlich frisch anmuten, hochaktuell sind und diejenigen Fragen betreffen, mit denen die heutige Zeit uns konfrontiert? Gar so verwunderlich ist das im Grunde nicht. Denn Rinpoche ist stets auf das eingegangen, was gerade im Raum stand, sich im gegebenen Augenblick abspielte. Und diese Art von unmittelbarer, spontaner Unterweisung bleibt allzeit aktuell und modern.

Darüber hinaus wusste er anscheinend auch, vor welchen Problemen wir in diesem Jahrtausend stehen würden. In uns und um uns herum herrscht allenthalben eine unwahrscheinlich große Beschleunigung, so viel Ängstlichkeit und Besorgnis. Und genau darauf spricht er uns an. Wir können versuchen, in Deckung zu gehen, uns zu verkriechen. Doch tief im Innern wissen wir, dass wir in Wahrheit gar keine andere Wahl haben, als die Ungewissheit und Unsicherheit der heutigen Zeit an uns heranzulassen, sie willkommen zu heißen und uns mit ihr anzufreunden. Dies gilt es *jetzt* zu tun. Das ist unbedingt notwendig. Denn Zeit zu vergeuden, das können wir uns hierbei nicht erlauben.

Wie Chögyam Trungpa uns wachrüttelt, ist provokativ, aufrichtig, und es bereitet große Freude. Ich finde, seine Shambhala-Unterweisungen, die das Kernstück dieses Buches ausmachen, versetzen uns in die Lage, uns von ganzem Herzen zu öffnen und genügend echten Wagemut zu entwickeln, um offen auf unsere Mitmenschen zugehen zu können. Dem liegt zugrunde, dass wir zwar verletzlich, aber dennoch stark sind. Im Nichtangreifen, in Nichtaggression, dem ruhigen Verweilen in innerem Frieden, liegt enorme Stärke. Genau das versteht Rinpoche unter einem Shambhala-Krieger. Danach strebt, glaube ich, jeder von uns. Nehmen wir doch seine Einladung an, in aller Aufrichtigkeit den Blick nach innen zu richten, damit wir furchtlose, freundliche Menschen sein können.

Pema Chödrön

Einführung der Herausgeberin

Dieses Buch handelt von all der Angst, die wir haben: angefangen mit vorübergehender Besorgnis oder Panik bis hin zu den größten Schrecknissen, mit denen wir im Umfeld von Leben und Tod möglicherweise konfrontiert werden. Darüber hinaus geht es um die elementaren Quellen einer uns alle betreffenden Angst und Besorgnis. Der Autor bietet praktische Ratschläge, jedoch keine Schnellschuss-„Lösungen". Er möchte uns dabei helfen, unser Leben und unsere Wahrnehmung von Grund auf zu wandeln – in der Weise, dass wir die Angst *überwinden* können, statt sie lediglich eine Zeit lang zu verdrängen. Wollen wir uns von unserer Angst wahrhaft befreien, wollen wir wirklich furchtlos werden, dann dürfen wir, so legt er uns nahe, nicht länger vor ihr davonlaufen. Vielmehr sollten wir Freundschaft mit ihr schließen, wir sollten lernen, ihr ein Lächeln zu schenken. Darauf kommt es, wenn wir die Angst wirklich überwinden wollen, ganz entscheidend an.

Während ich dieses Vorwort schreibe, befinden wir uns gerade inmitten einer dramatischen Wirtschaftskrise. Und die von ihr ausgelösten Schockwellen rufen Erschütterungen hervor, in deren Gefolge sich weltweit Angst und Besorgnis breit machen. Daher könnte man meinen, für ein Buch, das der Frage nach einem produktiven Umgang mit der Angst auf den Grund geht, handele es sich nun um einen besonders gut geeigneten Zeitpunkt. Aber mit Blick auf die menschlichen Daseinsbedingungen und das nicht enden wollende Chaos in der Welt erweist sich wahrscheinlich jeder Zeitpunkt als ein guter Zeitpunkt, die Thematik von Angst und Furchtlosigkeit einer eingehenderen Betrachtung zu unterziehen.

Chögyam Trungpa, einer der größten buddhistischen Lehrer des 20. Jahrhunderts, verstarb im Jahr 1987. Dessen ungeachtet wirken diese Unterweisungen, die sich mit der Geisteshaltung und Lebensführung eines spirituellen Kriegers wie auch mit dem dazu notwendigen Wagemut befassen, als seien sie genau für den jetzigen Zeitpunkt geschrieben worden. Trungpa Rinpoche (der Titel Rinpoche bezeichnet einen verwirklichten Lehrer und bedeutet „Kostbarer") hat gespürt, dass der Westen, und in der Folge zwangsläufig die ganze Welt, im 21. Jahrhundert mit enormen Schwierigkeiten konfrontiert sein würde. Zu seinen Schülern hat er über diese potenziellen Nöte und Härten mit einer Mischung aus Zuversicht und Realismus gesprochen. Die Menschheit würde mit dem, was auf sie zukäme, gut zurechtkommen können. Dessen war er gewiss. Nicht minder groß war allerdings seine Gewissheit, dass wir dabei vor kapitalen Herausforderungen stehen werden. Persönlich habe ich an einigen ernüchternden Gesprächen mit ihm teilgenommen, bei denen es um die wirtschaftliche und politische Zukunft Nordamerikas und anderer Teile der Welt ging.

Rinpoche war eine menschliche Verkörperung der Furchtlosigkeit und des Mitgefühls. Im Jahr 1950 sind Chinas Kommunisten in seine tibetische Heimat einmarschiert. Und 1959 war er – in dem Wissen, dass man ein Kopfgeld auf ihn ausgesetzt hatte – gezwungen, aus dem Land seiner Geburt zu flüchten. Von einem entlegenen Teil Osttibets aus trat er zu Fuß den Weg in Richtung Indien an, um dort Zuflucht zu suchen. Unter seiner Führung brach damals zugleich eine dreihundert Tibeter zählende Gruppe zu dieser letztlich mehr als zehn Monate dauernden Reise auf. Da braucht man wohl kaum noch zu erwähnen, dass alle Beteiligten mit extremen Herausforderungen konfrontiert worden sind und in reichem Maß Gelegenheit hatten, sich der eigenen Angst zu stellen.

Im Verlauf der letzten Reisemonate wurden die meisten Mitglieder der Gruppe bei der Überquerung des Brahmaputra in Südtibet von chinesischen Rotarmisten gefangen genommen. Kaum mehr als

50 von ihnen gelang es, den ganzen Weg bis nach Indien zurückzulegen. Während der gesamten Reise stützte Chögyam Trungpa sich auf meditative Einsicht: Sie bildete die Grundlage für seine Stärke und seinen Mut; und er wurde nicht müde, den übrigen Mitgliedern der Reisegruppe anzuraten, ebenfalls auf diese Weise mit den Situationen umzugehen.

Betrüblicherweise hat er, nachdem ihm die Flucht aus Tibet gelungen war, weder seine Mutter noch ein anderes Mitglied seiner Familie jemals wiedergesehen. Nichtsdestoweniger brachte er Jahre später großes Mitgefühl für Mao Zedong zum Ausdruck, der als Revolutionsführer den Einmarsch nach Tibet angeordnet hatte. Diejenigen buddhistischen Lehren, auf denen solch eine sanftmütige Beherztheit beruht, legt er in diesem Buch dar.

Jede/r von uns kann solch einen Mut jetzt in sich selbst zum Leben erwecken. Was uns in Angst und Schrecken versetzt, unterliegt weder von einem Jahrzehnt zum anderen noch von Mensch zu Mensch sonderlich großen Schwankungen und Veränderungen. Die Grundangst, mit der wir immer zu arbeiten haben, besteht in der Angst, uns selbst zu verlieren. Sobald die Ich-Festung sich bedroht sieht, bildet die Angst unser wohl stärkstes Abwehrbollwerk. Diese Angst abzubauen zählt zu den größten Geschenken, die wir uns selbst wie auch unseren Mitmenschen machen können.

Mit dem Bild des Kriegers veranschaulicht Chögyam Trungpa im vorliegenden Buch, welche Haltung wir einnehmen können, um Furchtlosigkeit und Beherztheit zum integralen Bestandteil unserer spirituellen Praxis und unseres Daseins zu machen. Damit die moderne Spiritualität den Erfordernissen dieser Zeit gerecht werden könnte, das war für Rinpoche klar, würden das Säkulare und das Religiöse in ihr eine vollständigere und umfassendere Verbindung eingehen müssen. Das hier Verwendung findende Bild von Shambhala, einem mythischen Land, dessen erleuchtete Bewohner von wohlwollenden Monarchen regiert werden, bringt diese Verbindung adäquat zum Ausdruck. Shambhala symbolisiert das Bestreben, eine gute Gesellschaft aufzubauen. Zugleich wird so unterstrichen, wie sehr es darauf ankommt, dass wir uns im Alltag voll und ganz auf unser Leben einlassen. Indem Trungpa Rinpoche über die Kraft der Shambhala-Welt spricht, verweist er etwa auch darauf, dass unsere Arbeit mit den weltlichen, den gewöhnlichen Aspekten des Lebens eine transzendente Dimension haben kann. Der Welt, so wie sie ist – das führt er uns auf diese Weise vor Augen –, wohnen Würde und Schönheit inne.

Chögyam Trungpa spricht verschiedene Ebenen an, auf denen es für uns ansteht, mit der Angst zu arbeiten. Unter anderem thematisiert er, wie wir extreme Situationen angehen können: beispielsweise die Auseinandersetzung nicht nur mit einem Hindernis im eigenen Geist, sondern mit einem realen Widersacher. Die Zeiten, in denen wir heute leben, verlangen offenbar nach jener Art von echtem Mumm, von couragiertem Mut, wie er ihn verkörpert hat. Da er hatte lernen müssen, besonders schwierige Lebenssituationen zu verarbeiten, wusste er um die echten Herausforderungen im Leben. Ohne Scheu nimmt er hier in diesem Buch auch zu solchen Situationen Stellung. Ebenso spricht er davon, dass jeder Augenblick für uns die Gelegenheit sein kann, tieferes Vertrauen in uns wachzurufen, indem wir das Heilige im Alltag erblicken. Dadurch erhalten wir zugleich ein wirksames Gegenmittel gegen Angst und Besorgnis.

Trungpa Rinpoche lehnt Aggression als Strategie zur Überwindung von Hindernissen beharrlich ab. Das ist ein wesentliches Kennzeichen seines Ansatzes. Die Tapferkeit des Shambhala-Kriegers – jenes Praktizierenden, der sich ohne Anmaßung und Aggression voll und ganz auf das Leben einlassen will – entspringt einem in seine innerste Tiefe reichenden kraftvollen Quell der Freundlichkeit. Was könnte uns leichter fallen, als mit Wut zu reagieren, wenn wir uns einer Bedrohung ausgesetzt sehen? Werden wir geschlagen, regt sich in uns der Impuls zurückzuschlagen. Rinpoche führt uns Alternativen dazu vor Augen, die wirkungsvoll, jedoch niemals destruktiv sind. Solch eine Weisheit benötigen wir.

Trungpa Rinpoches Unterweisungen sind nicht nur schonungslos, sondern ebenso sehr von Herzenswärme durchdrungen. Sie unterstreichen unsere Verbundenheit mit dem innersten Herzen, dem Wesenskern der buddhistischen Lehren: dem Herz des Buddha wie auch dem Herz von Shambhala, so könnte man sagen. Der Liebe wohnt, wie wir alle wissen, ungeheure Kraft inne. Aus der Verbindung zu einem empfindsamen Herzen und zu Traurigkeit, so beschreibt es Chögyam Trungpa, erwächst jene Energie, die zur treibenden Kraft für die Entwicklung wahrer menschlicher Tapferkeit oder wahrhafter Kriegerschaft wird – ein Thema, auf das er ein ums andere Mal zu sprechen kommt. Auf dem Weg des Kriegers Sanftheit und Entschlossenheit miteinander zu vereinen stellt ein weiteres entscheidendes Element dar. Der Schlüssel zur Aktivierung solch eines Potenzials liegt in der meditativen Disziplin. Den Ratschlag erteilt er uns immer wieder.

Letztlich geht es im vorliegenden Buch darum, wie man natürlich und unverfälscht, wie man voll und ganz Mensch ist. Bringen wir die Bereitschaft auf, verletzlich zu sein, dann merken wir, dass diese Verletzlichkeit uns unüberwindlich macht. Da wir nichts zu verlieren haben, können wir keine Niederlage erleiden. Da wir nichts zu fürchten haben, können wir nicht bezwungen werden.

Möge diese Reise durch das Territorium von Angst und Furchtlosigkeit Ihnen Freude bereiten. Möge sie zu wahrhafter Tapferkeit führen. Möge sie das Lächeln des Furchtlosen auf Ihr Gesicht zaubern. Möge sie dazu beitragen, dass in aller Welt Frieden und allgemeines Wohlergehen Einkehr halten.

Carolyn Rose Gimian
Halifax, Neuschottland (Nova Scotia)

Teil eins

Der Weg des Kriegers

Wollen Sie ein Krieger werden und sich ansehen, wer Sie wirklich sind, kommt es darauf an, aufrichtig zu sein, ohne sich selbst zu verurteilen. Bei solch einer Selbstbetrachtung werden Sie möglicherweise feststellen, dass Sie ein unartiger Junge oder ein ungezogenes Mädchen gewesen sind. Unter Umständen wird Ihnen dann ganz entsetzlich zumute sein. Vielleicht werden Sie den Eindruck haben, Ihr Dasein sei erbärmlich, in einem heillosen Zustand, durch und durch rabenschwarz, die reinste Hölle. Womöglich erblicken Sie in und an sich selbst allerdings auch mancherlei Gutes. Jedenfalls geht es hier einzig und allein darum, sich den Tatsachen zu stellen. Aufrichtigkeit spielt eine entscheidende Rolle. Sehen Sie einfach die schlichte, ungeschminkte und ungeschönte Wahrheit in Bezug auf sich selbst. Fangen Sie an, ehrlich zu sich zu sein, dann entwickeln Sie den nötigen Mumm, den man braucht, um unverbrüchlich zur Wahrheit zu stehen. Das heißt jedoch keineswegs, dass Sie sich selbst niedermachen sollen. Finden Sie lediglich heraus, was da ist. Sehen Sie es sich einfach an, und halten Sie dann inne! Betrachten Sie sich also erst einmal, aber verurteilen und verdammen Sie sich nicht. Seien Sie sachlich. Seien Sie nüchtern, sachlich und präsent. Darauf kommt es an. Sehen Sie schlicht und einfach hin. Und sobald Sie dann die Situation in größtmöglicher Vollständigkeit erblicken, hat Ihr Dasein als Krieger begonnen.

1

Mit sich selbst konfrontiert

Unser Thema ist Kriegerschaft. Wenn Sie daran interessiert sind, die Wahrheit – die wir im Buddhismus als Dharma bezeichnen – zu hören, wenn Sie herausfinden wollen, wer Sie sind, oder Interesse daran haben, Meditation zu praktizieren, sind Sie im Grunde schon ein Krieger. Vielfach steht jedoch der Zugang zur Spiritualität, zum Leben überhaupt, unter dem Einfluss von Feigheit. Falls Sie Angst davor haben, zu sehen, wer und wie Sie sind, könnten Spiritualität oder Religion Ihnen als eine Möglichkeit dienen, sich selbst anzusehen, ohne diejenigen Dinge, die Sie tatsächlich selbst betreffen, überhaupt in den Blick zu fassen. Genieren Menschen sich für das, was sie sind, dann hat das mit Furchtlosigkeit rein gar nichts zu tun. Wer hingegen die Bereitschaft hat, den Blick auf sich selbst zu richten, sich zu erforschen und sich in jedem Augenblick in Wachheit zu üben, ist ein Krieger.

Mit „Krieger" übersetzen wir das tibetische Wort *Pawo*. *Pa* bedeutet „tapfer" oder „mutig". Durch die zweite Silbe *wo* wird daraus: „ein tapferer Mensch". Die Kriegertradition, über die wir hier sprechen, ist eine Tradition des Mutes, der Beherztheit, der Unerschrockenheit. Möglicherweise haben Sie die Vorstellung, ein Krieger sei jemand, der Krieg führt. Hier in diesem Fall bezeichnen wir jedoch als Krieger nicht diejenigen, die in die Schlacht ziehen. Kriegerschaft verweist hier vielmehr auf eine elementare Form von Mut und Furchtlosigkeit.

Kriegerschaft beruht auf Überwindung der Feigheit und unseres Empfindens, verletzt worden zu sein. Wenn wir uns zutiefst verletzt fühlen, befürchten wir womöglich, jemand werde unsere Wunde mit ein paar Stichen nähen wollen, damit sie besser verheilt. Oder die Wunde könnte bereits genäht worden sein, wir trauen uns jedoch nicht, jemanden an diese Wunde heranzulassen, damit sie oder er die Fäden zieht. Sich all diesen von Angst oder Feigheit bestimmten Situationen zu stellen ist kennzeichnend für das Vorgehen eines Kriegers, keine Angst zu haben sein zuvorderst angestrebtes Ziel.

Den Ausgangspunkt und die Grundlage für die Kriegerschaft bildet freilich die Angst selbst: Um uns von ihr befreien zu können, müssen wir erst einmal herausfinden, was Angst ist.

Angst ist Nervosität; Angst ist Besorgnis; Angst besteht in dem Empfinden, einer Situation nicht gewachsen zu sein, in dem Gefühl, die Herausforderungen des Alltags gar nicht bewältigen zu können. Dann haben wir den Eindruck, das Leben wachse uns über den Kopf. Manche Menschen unterdrücken ihre Angst vielleicht mit Hilfe von Beruhigungsmitteln oder von Yoga: sie versuchen einfach, wie auf Wattewölkchen durchs Leben zu wandeln. Gelegentlich gönnen sie sich eine Pause, um zu Starbucks zu gehen oder sich in der Einkaufspassage zu tummeln. In der Hoffnung, Furchtlosigkeit einfach dadurch erleben zu können, dass wir den Geist von der Angst ablenken, lassen wir uns allerlei Dinge einfallen und machen von allem möglichen technischen Schnickschnack Gebrauch.

Woher aber rührt die Angst? Von einer fundamentalen Verwirrung. Und worauf geht die fundamentale Verwirrung zurück? Auf die Unfähigkeit, Geist und Körper miteinander in Einklang zu bringen, sie zu synchronisieren. Wenn Sie beim Sitzen, während der Meditationspraxis, auf dem Kissen eine schlechte Haltung einnehmen, sind Sie außerstande, Geist und Körper zu synchronisieren. Weder für den Platz, auf dem Sie sitzen, noch für Ihre Sitzhaltung haben Sie dann ein Gespür. Und gleichermaßen gilt dies für Ihr gesamtes übriges Leben. Wenn Sie sich nicht geerdet fühlen beziehungsweise nicht das Gefühl haben, in Ihrer Welt einen angemessenen Platz einzunehmen, können Sie zu Ihrer inneren Erfahrung ebenso wenig einen Bezug gewinnen wie zu Ihrer Umwelt.

Zunächst einmal handelt es sich also um ein ganz schlichtes Problem. Sind Körper und Geist nicht synchronisiert, fühlen Sie sich wie ein Abklatsch Ihrer selbst, wie eine Karikatur, wie Ihr eigenes Zerrbild. Beinahe wie ein urzeitlicher Hornochse oder wie ein Hanswurst kommen Sie sich dann vor. In solch einer Situation tut man sich im Umgang mit der übrigen Welt sehr schwer.

Das ist eine vereinfachte Darstellung dessen, was wir als die Sonnenuntergangsmentalität bezeichnen. Dieser Ausdruck besagt: Die Verbindung zur elementaren Harmonie des Menschseins ist Ihnen vollständig abhanden gekommen. Das Bild von der untergehenden Sonne beinhaltet, dass die Sonne in Ihrer Welt bereits immer tiefer sinkt und es Ihnen nicht gelingen will, die Dunkelheit zu überwinden. Darum ist da, so Ihr Gefühl, nichts anderes mehr vorhanden als Leid, finstere Wolken, das an einen Kerker erinnernde Kellerverlies, ein Leben in der Gosse. In dem Bestreben, das zu kompensieren, werden Sie sich womöglich in einer finsteren, dürftig beleuchteten Spelunke betrinken. So etwas bezeichnet man als einen Club oder als eine Diskothek. Und sie tanzen wie ein besoffener Affe, der sich der Bananen und seiner Dschungelherkunft längst nicht mehr entsinnt. Darum ergötzt er sich stattdessen, während er mit dem Schwanz wackelt, an billigem Bier. Gegen das Tanzen ist an sich ja gar nichts einzuwenden. In dem Fall handelt es sich jedoch um eine Form von Angstvermeidung, von Flucht vor der eigenen Angst. Wie traurig! So sieht in groben Zügen die Szenerie des Sonnenuntergangs aus. Welch eine Sackgasse – eine ganz üble Sackgasse.

Im Unterschied dazu steht die *große östliche Sonne* für eine in Ihrem Leben vollständig aufgegangene Sonne: für die Sonne der Wachheit, die Sonne der Menschenwürde. *Groß* ist sie, weil sie einen aufgerichteten und aufrechten Zustand mit Qualitäten wie Offenheit und Freundlichkeit versinnbildlicht. Der Platz beziehungsweise die Haltung, die Sie in Ihrer Welt einnehmen, ruft bei Ihnen ein erhebendes Empfinden hervor. Kopf und Schulter haben eine gute Haltung, sagen wir in diesem Zusammenhang. Im *Osten* steht die Sonne, weil auf Ihrem Gesicht ein Lächeln erstrahlt. Der Osten entspricht der Vorstellung von Morgenröte, dem Sonnenaufgang. Bereits vor dem eigentlichen Sonnenaufgang sehen Sie, wenn Sie frühmorgens zum ersten Mal nach draußen schauen, wie das Licht aus dem Osten kommt. Der Osten repräsentiert das Lächeln, das beim Erwachen auf Ihrem Gesicht erscheint. Jeden Moment wird die Sonne sich über den Horizont erheben. Mit der Morgendämmerung einhergehend regt sich ein frischer Luftzug. Die Sonne steht also im Osten, und sie ist *groß*.

Die *Sonne* ist hier eine voll entwickelte, eine vollständig aufgegangene Sonne und entspricht jener Sonne, die man ungefähr um zehn Uhr vormittags zu sehen bekommt. In ihr haben wir das Gegenbild zu dem besoffenen Affen vor Augen, der gegen Mitternacht im fahlen Lichtschein der elektrischen Beleuchtung das Tanzbein schwingt. Welch ein bemerkenswerter, welch ein außerordentlicher Kontrast! Die große östliche Sonne bietet einen erhebenden Anblick, und sie verhilft uns zu einer wachen, frischen und präzisen Sicht der Dinge.

Auf weitere Einzelheiten dazu können wir später eingehen. Zunächst einmal sollten wir über das Grundverständnis von Angst und Furchtlosigkeit sprechen. Zu den größten Hindernissen auf dem Weg zur Furchtlosigkeit zählen die durch Gewohnheit geprägten Muster, die unserer Selbsttäuschung den Boden bereiten. Denn gewöhnlich lassen wir nicht zu, dass wir uns voll und ganz erfahren. Mit anderen Worten: Wir haben Angst, uns selbst ins Auge zu blicken. Ein Großteil der Menschen fürchtet sich davor, den innersten Kern des eigenen Daseins zu erleben. Viele Menschen versuchen, einen spirituellen Weg zu finden, auf dem sie nicht mit sich selbst konfrontiert werden, sich aber dennoch befreien können – sich also im Grunde genommen von sich selbst befreien können. Das ist indes ein Ding der Unmöglichkeit. Dazu sind wir außerstande.

Lassen Sie uns doch ehrlich zu uns selbst sein. Wir sollten uns schon genau anschauen, was wir da in uns haben, all den Mist, unsere unwillkommensten Teile. Das gilt es zu sehen. Dadurch legen wir ein Fundament für die Kriegerschaft, schaffen eine echte Basis, von der aus wir die Angst überwinden können. Gerade unserer Angst müssen wir uns stellen, sie uns anschauen, sie studieren, mit ihr arbeiten und mit ihr Meditation praktizieren.

Zugleich sollten wir unbedingt die Vorstellung von einem göttlichen Erlöser aufgeben. Mit unserer Religionszugehörigkeit hat das nichts zu tun. Vielmehr betrifft es die Vorstellung, jemand oder etwas werde uns retten beziehungsweise erlösen, ohne dass wir uns selbst einem schmerzlichen Prozess unterziehen müssten. Falsche Hoffnungen dieses Zuschnitts aufzugeben, darin besteht in der Tat der erste Schritt. Ganz entscheidend kommt es darauf an, dass wir *bei uns*, ein wirklicher Mensch sind. Um den heißen Brei herumzureden, während wir ansonsten einfach bloß auf das Beste hoffen, bringt uns nicht weiter.

Sofern Sie echtes Interesse daran haben, mit und an sich selbst zu arbeiten, dürfen Sie nicht eine Art Doppelleben führen, indem Sie sich alle möglichen Ideen, Techniken und Konzepte zu eigen machen, nur um von sich selbst loszukommen. Letzteres bezeichnen wir als spirituellen Materialismus: Unter Einsatz von – wie auch immer beschaffenen – Betäubungsmitteln verharren Sie in einem hübschen, erhol- und geruhsamen Schlummerzustand und hoffen einfach, irgendwie würden beim Wiedererwachen schon sämtliche Wunden fein säuberlich vernäht und alles verheilt sein. Das hieße natürlich, dass Sie keinerlei schmerzliche Erfahrungen zu durchlaufen oder Probleme zu bewältigen bräuchten.

Im Rahmen einer authentischen spirituellen Schulung können Sie so aber nicht vorgehen. Womöglich schaffen Sie es ja, sich selbst einzureden, dass es doch eine religiöse Schulung gibt, die Ihnen einen unmittelbaren Zugang zu spiritueller Ekstase verschafft. Womöglich können Sie sich selbst glauben machen, dass diese Welt hier nicht existiert, es für Sie hingegen allein den geistigen Bereich gibt. Früher oder später werden Sie dann allerdings mit der Nase auf etwas gestoßen werden. Denn die als Karma – oder als das Gesetz von Ursache und Wirkung – bezeichnete grundlegende

Gesetzmäßigkeit können wir nicht übers Ohr hauen. Sie lässt sich nicht austricksen.

Mit ziemlich vielem müssen wir uns auseinandersetzen. Vieles müssen wir aufgeben. Schon möglich, dass Ihnen das nicht schmeckt. Nichtsdestoweniger müssen Sie es tun, wenn Sie freundlich zu sich selbst sein wollen. Darauf läuft letztendlich alles hinaus. Sollten Sie sich hingegen lieber selbst Leid oder Schaden zufügen, indem Sie sich der Sonnenuntergangsneurose überlassen, geht das nur Sie allein etwas an und niemanden sonst. Niemand kann Sie vor sich selbst bewahren. Nur zu! Später werden Sie es aber unweigerlich bereuen, und zwar gründlich. Bis dahin werden Sie unter Umständen derart viel Müll, derart viel Unrat angehäuft haben, dass Sie nicht mehr imstande sind, ihn wegzuschaffen, die Situation sich nicht mehr bereinigen lässt. Würden Sie sich am Ende in solch einer Lage wiederfinden, säßen Sie böse in der Patsche.

Vielfach ziehen wir es vor, zum eigenen Schaden zu handeln. Weiter unseren gewohnten Mustern entsprechend handeln zu können vermittelt uns, wie es scheint, oft ein größeres Wohlgefühl, als wenn wir Dinge tun, die uns wirklich weiterbringen. In der Schule hat man Ihnen vielleicht beigebracht, angestrengt zu lernen sei gut für Sie. Ihre Eltern haben Sie vielleicht aufgefordert, den Teller leer zu essen, weil das gut für Sie sei: Schließlich leiden doch so viele Menschen überall auf der Erde Hunger, und Sie befinden sich in der glücklichen Lage, dass diese appetitliche Mahlzeit vor Ihnen auf dem Tisch steht. „Iss also auf, was du auf dem Teller hast!" Hin und wieder mag solch ein Ratschlag ja tatsächlich hilfreich sein. Wahrscheinlich stand Ihnen jedoch, als Sie diese Dinge gehört haben, ganz und gar nicht der Sinn danach, und sie erschienen Ihnen kein bisschen hilfreich. Dessen ungeachtet kann sogar in solch orthodoxen Positionen und solchen Ausdrucksformen von Disziplin durchaus ein Körnchen Wahrheit enthalten sein.

Wir aber sollten beschließen, uns selbst in aller Aufrichtigkeit zu betrachten und zu erleben. Manch eine/r von uns befindet sich in einer erbärmlichen und zutiefst entwürdigenden Situation. Für andere mag es dagegen unwahrscheinlich gut laufen. Alles sieht bei ihnen picobello aus. Wie auch immer unsere Lage sein mag, egal ob die Selbsterkundung uns Anlass zu Hoffnung oder zu Furcht gibt – wir betrachten uns einfach selbst. Denn wir stehen vor der Notwendigkeit, zu uns zu finden, die Auseinandersetzung mit uns selbst zu suchen und darüber hinaus unsere Privatheit aufzugeben, unsere Befangenheit, unsere Hemmungen.

Eventuell wirft mein Gebrauch des Wortes *Privatheit* im Englischen beziehungsweise im Deutschen dieses oder jenes semantische Problem auf. Jedenfalls können Sie, das ist der entscheidende Punkt, nur dann bei sich sein, wenn Sie davon ablassen, sich ins Private zurückzuziehen. Denn was wir normalerweise als Privatheit ansehen, beinhaltet eigentlich keine Privatheit. Falls Sie sich in Ihrer sogenannten Privatsphäre abkapseln, stehen Sie sich selbst im Weg. Eine derartige Situation ist keineswegs durch Privatheit gekennzeichnet. In Wahrheit ist in solch einem Rahmen Privatheit nicht gegeben. Vielmehr fühlen Sie sich dort ganz und gar dem Bombardement der Emotionen und Gedanken ausgesetzt, die in Ihnen vorhanden sind, und sich dadurch der Möglichkeit beraubt, völlig entspannt bei sich zu sein.

Beginnen Sie hingegen, eine so beschaffene Privatheit aufzugeben, öffnen Sie der übrigen Welt Ihr Herz und Ihr ganzes Dasein: Daraufhin erst gelangen Sie zu größerer Privatheit. Und dies markiert, so stellen Sie dann fest, tatsächlich den Beginn einer Reise, in deren Verlauf Sie sich selbst entdecken.

Ihr Herz zu öffnen ist die einzige Möglichkeit, entspannt bei sich zu sein. So erhalten Sie die Chance, zu sehen, wer Sie sind. Diese Erfahrung gleicht dem Öffnen eines Fallschirms. Wenn Sie aus dem Flieger springen und den Fallschirm öffnen, befinden Sie sich allein am Himmel. Mitunter kann einem das gewaltig Angst einjagen. Wagen Sie aber schließlich diesen Schritt, ergibt die ganze Situation, die ganze Reise, mit einem Mal Sinn. Sie müssen ihn tatsächlich vollziehen, dann werden Sie das begreifen. Die Privatheit aufzugeben beruht weniger auf einem Bildungsprozess oder auf Logik, sondern in dem Augenblick, in dem Sie den Schritt tatsächlich vollziehen, kommt das einfach zustande.

Die Befangenheit, die Hemmungen, gilt es abzulegen. Wenn Sie die Dinge nun nicht mehr länger unter der Decke halten, sollte das wiederum auch nicht auf ein hemmungsloses Zurschaustellen hinauslaufen. Sie legen Ihre Befangenheit ab, bleiben dabei freilich sich selbst treu. Sie geben einfach Ihre Privatheit auf, legen Ihre Schüchternheit ab und machen sich frei von dem Verlangen, einem persönlichen „Trip“ nachzugehen. Wenn Sie all das aufgeben, bedeutet dies indes nicht, dass Sie nun zu einem Exhibitionisten werden müssen. Nehmen wir einmal an, Sie geben das Rauchen auf, dann brauchen Sie nicht an die große Glocke zu hängen, was Sie da gerade Großartiges geschafft haben. Gut möglich, dass niemand Notiz davon nehmen wird. Sie haben einfach mit dem Rauchen aufgehört. Mag ja betrüblich für Sie sein, dass niemand zu würdigen weiß, wie tüchtig Sie sind. Doch andererseits, was soll's!?

Wenn Sie Ihre Privatheit aufgeben, stehen und gehen Sie immer noch auf zwei Beinen, genau wie Ihre Mitmenschen. Nach wie vor blicken Sie durch zwei Augen auf die Welt, und das ist so in Ordnung, prima. Zum ersten Mal haben Sie sich zu einem grundanständigen Menschen gemausert. Darüber müssen Sie allerdings nicht gleich die ganze Welt in Kenntnis setzen. Vor einer roten Ampel halten Sie an, und schaltet sie auf Grün, fahren Sie los. Die Welt geht weiter ihren gewohnten Gang. Das heißt, man muss selbst den ersten Schritt unternehmen. Irgendwann bemerken Sie jedoch, dass Sie im Grunde immer noch an Ort und Stelle stehen. Mitunter finden Sie das schrecklich, gelegentlich gefällt es Ihnen gut. Aber nach wie vor sind Sie sehr beharrlich, sehr standfest. In mancherlei Hinsicht ist das reichlich komisch – mitunter so sehr, dass es schon wehtun kann. Ebenso gut möglich, dass es überhaupt nicht komisch ist! Wie dem auch sei, willkommen in der Welt des Kriegers.

Dann beginnen Sie zu begreifen, dass Sie etwas auf grundlegende, auf elementare Weise Gutes in sich haben. Über jede Vorstellung von Gut oder Schlecht reicht es hinaus. Etwas von Grund auf Wertvolles, Gesundes, Ganzes und Heiles existiert in jedem von uns. Zum ersten Mal sehen Sie nun die große östliche Sonne. Solch eine positive Grundqualität, solch eine Gutheit, ergibt sich aus dem Anblick der Welt im Licht der großen östlichen Sonne. Hierbei handelt es sich um eine elementare, Ihnen von Anfang an innewohnende Gutartigkeit, oder Güte. Über diese Qualität verfügen Sie bereits. Solch ein Gutsein ist gleichbedeutend mit Unerschrockenheit. Es ist allzeit vorhanden.

Wann immer Sie eine strahlend schöne Farbe erblicken, werden Sie zum Augenzeugen des Ihnen innewohnenden Gutseins. Wann immer ein Wohlklang Ihr Ohr erfreut, vernehmen Sie das eigene grundlegende Gutsein. Wann immer Sie etwas Süßes oder Saures schmecken, kosten Sie das eigene grundlegende Gutsein. Falls Sie sich im Zimmer aufhalten, dann die Tür öffnen und nach draußen gehen, wird auf einmal ein frischer Windhauch spürbar. Solch eine Erfahrung dauert vielleicht bloß den Bruchteil einer Sekunde. Nichtsdestoweniger umweht dieses frische Lüftchen Sie mit dem Wohlgeruch des grundlegenden Gutseins.

Derartige Dinge widerfahren Ihnen andauernd. Nur haben Sie ihnen keine Beachtung geschenkt, denn Sie hielten sie für gar zu banal und belanglos, waren der Meinung, sie seien nichts weiter als zufällige Begebenheiten ganz gewöhnlicher Natur. Besser aber machen Sie sich alles zunutze, was an den Dingen, die Ihnen begegnen, durch dieses spezifische Gutsein gekennzeichnet ist. Dann wird Ihnen klar, dass in Ihrem Leben ringsum Nichtaggression zum Tragen kommt. Ein ums andere Mal können Sie so auf immer wieder erfrischend neue Weise Ihr Gutsein erleben.

Freilich sollten Sie nichts überstürzen. Erst einmal wollen wir uns selbst betrachten. Indem Sie von ganzem Herzen und mit voller Energie den Blick auf sich selbst richten, stellen Sie zu diesem unbedingten Gutsein eine Verbindung her. Lassen Sie sich hingegen nur zu 50 Prozent darauf ein, so versuchen Sie, mit der Situation zu feilschen, als wollten Sie ein Schnäppchen machen, und dann wird sich nicht sonderlich viel bewegen. Wenn Sie wahrhaftig sind, völlig natürlich und unverstellt, brauchen Sie nicht auf die relativen Beurteilungskriterien von Gut und Schlecht oder von Gut und Böse zurückzugreifen. Vielmehr *sind* Sie dann tatsächlich gut, anstatt lediglich gut zu *werden*.

Sofern wir angemessen, das heißt vorbehaltlos, den Blick auf uns richten, ist da, so stellen wir fest, noch etwas anderes vorhanden, das über unsere Selbstbetrachtung hinausreicht. Etwas in uns ist – im Unterschied zu einem dösigen, schläfrigen Zustand – auf fundamentale Weise wach. Wir finden dort etwas, das *an sich* aufgeweckt, guter Dinge und optimistisch ist. Etwas, worauf wir von Grund auf stolz sein dürfen. Wir brauchen uns also nicht selbst etwas vorzugaukeln. Denn hier stoßen wir nicht bloß auf 24-karätiges, sondern auf vollkommen unverfälschtes, zu 100 Prozent reines Gold: Der buddhistischen Überlieferung zufolge handelt es sich hierbei um die Entdeckung unserer Buddha-Natur. Das Sanskrit-Wort für Buddha-Natur lautet *Tathagatagarbha.* Es besagt, dass die Essenz der Tathagatas – der bereits an das andere Ufer hinübergegangenen Buddhas – in uns existiert.

Im Grunde sind wir also wach. Wir sind schon gut. Dabei haben wir es nicht nur mit einem Potenzial zu tun. Hier handelt es sich um mehr als ein bloßes Potenzial. Natürlich werden wir immer wieder Vorbehalte dagegen haben, das zu glauben. Vielleicht werden Sie meinen, dieses Gutsein sei lediglich ein alter Mythos, nur ein weiterer Kunstgriff, um uns aufzumuntern und aufzupäppeln. Aber nein! Die Buddha-Natur ist real, und sie ist gut; sie wohnt uns inne, und darum sind wir hier. Die Ihnen zugrunde liegende Buddha-Natur hat Sie hierher gebracht.

Der Knackpunkt dabei, diejenige Technik, die uns offenbar als einzige dazu befähigt, diese Buddha-Natur zu verwirklichen, ist die Praxis des „Sitzens“, die Meditation. Sie gibt uns den Schlüssel zu alldem in die Hand, sie versetzt Sie in die Lage, sich selbst zu sehen und zugleich über sich selbst hinauszublicken. Sich selbst zu sehen ist der erste Aspekt, und Sie werden entdecken, dass da allerlei unschöne Dinge bei Ihnen ablaufen. Sich diesen Möglichkeiten und Realitäten zu stellen ist gar keine so üble Sache. Wenn Sie das zu tun beginnen, sind Sie ein aufrichtiger Mensch. Darüber hinaus benötigen Sie dann eine weiter führende Vision: Dank Ihrer Aufrichtigkeit sind Sie nun imstande, Ihr Gutsein zu erkennen und es zu verwirklichen. Sie tragen Buddha im Herzen.

2

Meditation: in Berührung kommen und weitergehen

Sobald wir wahrzunehmen beginnen, dass Gutheit in uns existiert, sollten wir unbedingt über unsere Zweifel hinausgelangen. Wir sind wertvolle Menschen, und so manches an uns spricht zu unseren Gunsten. Es ist notwendig, dass wir uns diese Einstellung zu eigen machen. Keineswegs sind wir total erbärmlich und verachtenswert. Zwar müssen wir unseren Weg durch die Wolkendecke hindurch finden. Dann aber haben wir freien Blick auf die Sonne. Diese grundlegende Einstellung, durch die wir den Wert unseres Daseins entdecken, ist der Philosophie eines Kriegers angemessen.

Doch wie gelangen wir an diesen Punkt? Welche Technik versetzt uns in die Lage, uns in beiderlei Hinsicht selbst zu entdecken, zum Positiven wie zum Negativen? Wie können wir das bewirken? Sollen wir, damit wir uns selbst eingehend untersuchen können, etwa unseren Geist in eine Maschine stecken oder ihn unters Mikroskop legen? Sollen wir uns in der Begegnung mit der Natur selbst entdecken (etwa im Sinn der erlebnisorientierten Reformpädagogik nach dem Konzept von *Outward Bound*), oder sollen wir lieber im Meer schwimmen gehen oder am Strand liegen?

Offensichtlich gibt es da für uns alle erdenklichen Möglichkeiten. Das aber, worauf es hier ankommt, lässt sich tatsächlich nur auf eine einzige Art und Weise erreichen: nur indem Sie lange Zeit – viele Sekunden, Minuten und Stunden – mit sich selbst verbringen. Richtiggehend, ganz und gar, haben wir das nämlich noch nie getan. Mag sein, dass wir *bei uns* zu sein versuchen, indem wir eine Zeitschrift lesen, Fernsehen gucken, Bier trinken, alles Mögliche rauchen, Pillen einschmeißen, mit einer Freundin beziehungsweise einem Freund ein Schwätzchen halten oder uns ins Bett legen, um uns eine Ruhepause zu gönnen. Bei alldem sind wir jedoch nicht wahrhaft, nicht voll und ganz bei uns gewesen. Stets versuchen wir, *etwas* mit uns *zu tun*, statt einfach nur bei uns zu sein. Sofern Sie nicht bei sich *sein* können, sind Sie nicht imstande herauszufinden, wer Sie sind oder wo Sie eigentlich stehen. Die Essenz dessen, was Sie sind, bleibt in dem Fall unweigerlich unauffindbar.

Darüber hinaus gilt es ausfindig zu machen, wie Sie *nicht* sind, warum Sie nicht sind und wo Sie nicht sind. Im Wesentlichen stellt sich bei dieser Entdeckungsreise heraus, dass Sie in Wirklichkeit nichtexistent sind. Denn keineswegs sind Sie *etwas*. Bei dem Versuch, zu ermitteln, wer Sie sind, werden Sie das feststellen. Sie finden also heraus, dass Sie *nicht* sind. Andererseits entdecken Sie jedoch, dass in der Erfahrung von Nichtexistenz zugleich etwas Strahlendes liegt, eine lichte, strahlende Klarheit.

Als Technik, die uns in die Lage versetzt, voll und ganz bei uns zu sein, wird uns die Meditationspraxis empfohlen. Wenn wir meditieren, uns der Praxis des Sitzens widmen, bedeutet das nicht, dass wir im Umgang mit einer neuen, sich unablässig wandelnden Welt bloß auf altbekannte Methoden von Anno dazumal zurückgreifen. Vielmehr lernen wir einfach, unser Leben wirklich auszuschöpfen, indem wir es voll und ganz leben. Buddha Shakyamuni selbst hat diese Art von Meditation besonders empfohlen. Dieselbe Ausbildung habe auch ich durchlaufen. Seit über zweieinhalbtausend Jahren kennt man sie als die beste Methode für Meditationsanfänger.

Für mich persönlich war es ausgesprochen lehrreich, mit diesem meditativen Ansatz zu arbeiten. Er beinhaltet weit mehr als einfach nur eine Art Vermächtnis. So zu praktizieren hat mir in der Tat zu Weisheit und Klarheit verholfen. Genau der gleichen Schulung und

Disziplin, wie ich sie Ihnen hier darlege, habe ich mich ebenfalls unterzogen. (Einzig mit dem Unterschied, dass Sie die Unterweisungen nicht in tibetischer Sprache hören.)

Indem wir Achtsamkeit kultivieren, entwickeln wir diejenige Geisteshaltung, die uns in die Lage versetzt, uns selbst und unsere Welt äußerst genau und auf angemessene Weise wahrzunehmen. Wenn wir in diesem Zusammenhang von *Geisteshaltung* sprechen, ist damit gemeint, dass wir ebenjenes Gewahrsein entwickeln, das wir als Achtsamkeit bezeichnen. Solch ein Gewahrsein, solch eine achtsame Geisteshaltung bedeutet, dass Sie in grundlegender Weise wach und gewahr sind und gleichzeitig der Geist über ein Selbstgewahrsein verfügt. Sie nehmen also wahr, dass Sie gewahr sind. Mit anderen Worten, Sie sind keine Maschine, sondern ein Individuum, und als solches beziehen Sie sich auf das, was um Sie herum geschieht. Achtsam zu sein bedeutet, solchermaßen ein Sensorium für das Dasein zu entwickeln.

Meditation können wir mit dem Ausdruck *in Berührung kommen und weitergehen*[1] beschreiben. Sie sind in Kontakt, treten in Verbindung zu der Erfahrung, präsent zu sein, tatsächlich da zu sein. Und dann lassen Sie los. Das gilt für das Gewahrsein des Atems, während Sie auf dem Meditationskissen sitzen und meditieren; und darüber hinaus gilt es ebenso für die lebendige und leibhaftige Erfahrung im Alltag.

Beim *in Berührung kommen und weitergehen,* das ist der springende Punkt, spüren Sie, dass Sie voll und ganz, wirklich und wahrhaftig Sie selbst sind. Mit *in Berührung kommen* ist vor allem gemeint: gewahr sein und merken, dass Sie existieren – dass Sie sind, wer Sie sind.

Sitzen Sie auf dem Kissen, dann wissen und spüren Sie, dass Sie auf dem Kissen sitzen und tatsächlich existieren. Sie sind da, Sie sitzen, Sie sind da, Sie sitzen. Das ist der *in Berührung kommen*-Teil. Der *weitergehen*-Teil beinhaltet Folgendes: Zwar sind Sie da, trotzdem aber hängen Sie dann nicht daran, Sie halten nicht daran fest. Das Empfinden, da zu sein, erhalten Sie nicht aufrecht. Auch das lassen Sie noch los. Berühren und weitergehen.

Für die Meditation wird empfohlen, dass Sie mit überkreuzten Beinen auf einem Meditationskissen sitzen, statt es sich möglichst bequem zu machen. In jedem Fall kommt es auf eine angemessene Sitzposition an: entweder auf einem Kissen oder, falls Sie nicht auf dem Boden sitzen können, auf einem Stuhl. Die Wirbelsäule ist gerade, die Atmung unangestrengt, der Nacken frei von Anspannung. So sitzen Sie, aufrecht. Falls notwendig, können Sie die Position freilich verändern und sich ein wenig anders hinsetzen. Sich zu quälen ist nicht Sinn der Sache.

In Bezug auf die Position besteht ein Unterschied zwischen Mensch und Tier. Manche Tiere können sich in einer aufrechten Position ganz entspannt erholen – während ihre Wirbelsäule sich in der Horizontalen befindet, parallel zum Boden, auf dem sie stehen. Pferde schlafen bisweilen so. Sogar meditieren könnten sie auf diese Weise, falls ihnen jemand beibringen würde, wie das geht. Schlangen, Eidechsen, Pferde und Kühe könnten in horizontaler Körperhaltung meditieren. Im Unterschied dazu laufen wir Menschen am jetzigen Punkt unserer Evolution nicht mehr auf vier Beinen durch die Welt. Wieder zu Vierbeinern zu werden ist für uns keine Option. Also bleibt uns gar nichts anderes übrig, als auf unseren beiden Beinen zu laufen. Die vertikale Position ist die natürliche Haltung für uns, auch beim Meditieren. So zu meditieren entspricht unserem Körperbau. Der Buddha, beispielhaft für den Menschen überhaupt, sitzt in aufrechter Meditationshaltung.

Das sollte allerdings nicht in einem betont anthropozentrischen Sinn aufgefasst werden – der Mensch als das höchste Wesen. Vielmehr ist es abhängig von unserer Konstitution, und nach der sollten wir uns richten. Unsere Haltung spielt also eine wichtige Rolle. Sie ist aufrecht, im Unterschied zu den Tieren, und weist keine sonderliche Anspannung im Nacken auf. Setzen Sie sich einfach aufrecht hin.

Sobald Sie richtig gerade sitzen, sind Sie *da*. Dem folgt Ihr Atem ganz von allein. Im Kino ist mir Folgendes aufgefallen: Sobald die Leute sehen, dass sich im Film etwas Interessantes abspielt, setzen sich alle in perfekter Haltung aufrecht hin. Daran können wir uns ein Beispiel nehmen: Es geschieht etwas, dabei handelt es sich um

Ihr Leben, Sie sitzen aufrecht, und Sie atmen. Die Praxis ist ganz persönlich und unmittelbar.

Die Einstellung zum Atem in der Meditation läuft darauf hinaus, dass man zum Atem wird. Statt Acht zu geben auf den Atem beziehungsweise den Atmungsvorgang zu beobachten, versuchen Sie, vollständig eins mit ihm zu werden. Sie sind der Atem; der Atem ist Sie. Der Atem tritt aus Ihren Nasenlöchern aus, er strömt hinaus und löst sich in die Atmosphäre, in die Weite des Raumes hinein auf. Sie wenden eine gewisse Energie und Bemühung auf, um dessen gewahr zu sein. Und wenn es anschließend darum geht, wieder einzuatmen, sollten Sie dies dann ganz bewusst tun? Das ist hier nicht ratsam. Boykottieren Sie stattdessen einfach den Atem; boykottieren Sie Ihre Konzentration auf den Atem. Lassen Sie zu, dass der ausströmende Atem sich auflöst. Lassen Sie ihn auf sich beruhen, boykottieren Sie ihn.

Das Einatmen gibt also einfach Raum. Physikalisch, biologisch gesehen läuft da natürlich der Vorgang des Einatmens ab, ganz klar. Im Grunde ist es aber kaum der Rede wert, darauf brauchen Sie nicht eigens zu achten. Anschließend strömt der Atem abermals aus – seien Sie dann mit Ihrer Aufmerksamkeit wieder zugegen. Das ist der Ablauf: ausströmen, sich auflösen, Lücke; ausströmen, sich auflösen, Lücke. Ein ständig stattfindender Prozess: sich öffnen, Lücke, auf sich beruhen lassen, boykottieren.

Boykottieren ist in diesem Fall ein ganz entscheidendes Wort. Falls Sie am Atem festhalten, so halten Sie unablässig an sich selbst fest. Sobald Sie hingegen damit beginnen, das Ende des Ausatmens zu boykottieren, bleibt dort keine Welt mehr bestehen – einmal abgesehen davon, dass das nächste Ausatmen Sie daran erinnert, sich erneut einzustimmen. Sie stimmen sich also ein, lösen sich auf, stimmen sich ein, lösen sich auf, stimmen sich ein, lösen sich auf.

Mitten in der Praxis kommen Ihnen Gedanken in den Sinn: „Wo soll ich denn bloß in den Yoga-Kurs gehen?“ – „Wann kann ich meinen nächsten Artikel schreiben?“ – „Wie steht es um meine Investitionen?“ – „Ich hasse den-und-den Menschen, der so grässlich zu mir gewesen ist.“ – „Wie gern wär’ ich doch bei ihr!“ – „Was spielt sich da eigentlich bei meinen Eltern ab?“ Es ist nur natürlich, dass alle möglichen Gedanken auftauchen. Wenn Sie viel Zeit zum Sitzen haben, stellen sich ständig Gedanken ein; das nimmt kein Ende.

Kennzeichnend für unseren Umgang mit diesem Phänomen ist, dass wir im Grunde nicht damit umgehen. Reduzieren Sie alles auf die Gedankenebene. Erkennen Sie: All das sind nur Gedanken, sonst nichts. Gewöhnlich bezeichnen Sie solch ein geistiges Geplapper als Ihre Gedanken. Falls Sie in dieses Geplapper jedoch emotional stark verwickelt sind, geben Sie dem Geplapper einen speziellen Nimbus, verleihen ihm ein besonderes Renommee. Diese Gedanken, meinen Sie, verdienten dann das besondere Privileg, *Gefühl* genannt zu werden. So aber verhält es sich mit den Dingen im Bereich des Geistes in Wirklichkeit gerade nicht. Was immer Ihnen in den Sinn kommen mag, stets handelt es sich nur um Denkprozesse, nichts weiter: Sie denken, dass Sie geil sind; Sie denken, dass Sie wütend sind.

Soweit es Ihre Meditation anbelangt, billigen Sie Ihren Gedanken, während Sie meditieren, nicht länger einen Prominentenstatus zu. Sie denken, Sie sitzen; Sie denken, Sie sitzen; Sie denken, Sie sitzen. Sie haben Gedanken, Sie haben Gedanken über Gedanken. Lassen Sie es so ablaufen. Bezeichnen Sie sie als Gedanken.

Darüber hinaus muss das Ganze allerdings doch noch eine andere, eine weitergehende Qualität erhalten. Emotionale Zustände sollten nicht einfach nur zur Kenntnis genommen und dann beiseite geschoben werden, sondern man sollte sie sich tatsächlich anschauen. Während der Meditation erleben Sie möglicherweise, dass Sie äußerst aggressiv und wütend oder überaus lüstern sind – oder was auch immer sonst. Dann sagen Sie zu Ihrem Gefühl nicht einfach nur ganz höflich: „Hallo, schön, dich mal wieder zu sehen. Gut schaust du aus. Auf Wiedersehen. Ich will jetzt zu meinem Atem zurückkehren.“ Das wäre ungefähr so, als würden Sie einen alten Freund wiedersehen, der längst vergessene Erinnerungen in Ihnen wachruft, dann aber, statt bei ihm stehen zu bleiben, nur kurz angebunden sagen: „Leider muss ich sofort weiter, sonst verpass ich den Zug zu meiner nächsten Verabredung. Für ein Gespräch habe ich kein bisschen Zeit.“

Bei einer Meditationspraxis dieser Art ziehen Sie sich nicht einfach zurück. Vielmehr nehmen Sie aufmerksam zur Kenntnis, was da vor sich geht, und zugleich schauen Sie sich alles etwas eingehender an. Sie machen sich nicht bloß eine möglichst angenehme Zeit, indem Sie über die unangenehmen und unerfreulichen Momente, über diejenigen Momente, die bei Ihnen eine gewisse Selbstbefangenheit hervorrufen, kurzerhand hinweggehen. Solche Momente könnten in Form von Erinnerungen an Vergangenes auftreten, als die schmerzlichen Erfahrungen der Gegenwart oder als schmerzliche Zukunftsaussichten. All diese Dinge geschehen, Sie erleben sie, und Sie schauen sie sich an. Erst danach kehren Sie zum Atem zurück. Ein ganz wichtiger Punkt!

Sollten Sie den Eindruck haben, sich hinzusetzen und zu meditieren sei für Sie eine Möglichkeit, Problemen aus dem Weg zu gehen, dann liegt genau darin das Problem. Tatsächlich rühren die meisten Probleme im Leben nicht daher, dass Sie ein aggressiver oder lüsterner Mensch sind. Das Hauptproblem besteht in dem Bestreben, diese Dinge unter Verschluss zu halten, sie beiseite zu schieben und so zu einem Täuschungs- und Verschleierungsexperten zu werden. Das ist eins der größten Probleme. Noch der leiseste Hang zu subtilen, ausgeklügelten Täuschungsmanövern sollte durch die Meditationspraxis zutage gefördert werden.

In der Meditation wird Individualität spürbar, eine Person. Also, wir sind hier, wir existieren. Wie steht es dann aber mit Nichtexistenz und Ichlosigkeit, mit Leerheit, die der Buddhismus so sehr hervorhebt? Wie steht es mit spirituellem Materialismus, mit dem Wunsch durch unsere Praxis Glück und Erfüllung zu finden? Tappen wir da nicht in die eine oder andere Falle? Vielleicht tappen Sie hinein, vielleicht auch nicht. Diesbezüglich gibt es keine Garantie, weil niemand da ist, der eine derartige Garantie übernehmen könnte. Die Möglichkeit, diese Technik einfach anzuwenden, bleibt Ihnen freilich trotzdem völlig unbenommen. Zerbrechen Sie sich nicht den Kopf über Ihre künftige Sicherheit, das möchte ich Ihnen nahelegen, sondern setzen Sie die Technik schlicht in die Tat um, unmittelbar, einfach.

Unsere Haltung zum Abschluss der Meditation spielt ebenfalls eine wichtige Rolle. Wir sollten die Gesamterfahrung unseres Lebens auf *eine* Ebene bringen und uns stets unseres Lebens erfreuen. Beim Meditieren sitzen Sie nicht in einer Art Gefängnis, und Ihr übriges Leben ist nicht gleichbedeutend mit Urlaub oder Freiheit: Alles sollte mit einbezogen sein. Darin besteht, wie es scheint, der grundlegend meditative Zugang zum Leben. Ob Sie nun sitzen oder stehen – immer geht es um dieselbe Geschichte. Ob Sie essen oder schlafen, einerlei. Es ist dieselbe gute alte Welt. Ihre Welt tragen Sie ohnehin stets bei sich; sie in unterschiedliche Stücke zu zerteilen und diese in verschiedene Schubladen einzusortieren, das klappt sowieso nicht.

Dem Leben gegenüber sollten wir nicht eine derartige Armutshaltung an den Tag legen. Warum sollten wir versuchen, bloß aus *einer* Ecke unseres Lebens ein kleines Stückchen Schokolade abzubekommen? „Alles Übrige im Leben mag ja mies sein. Zumindest aber diesem Zipfelchen hier kann ich ein klein wenig Freude abgewinnen." Wenn Ihnen am ganzen Körper so heiß ist, dass der Schweiß fließt, und Sie dann den Finger in eiskaltes Wasser tauchen, mag das ein gutes Gefühl sein; zugleich ist es jedoch schmerzhaft, nicht sonderlich angenehm. Wer wirklich weiß, was es bedeutet, in einem allumfassenden Sinn Freude zu erleben, für den beinhaltet ein klein wenig Freude eigentlich bloß eine zusätzliche Qual – einen Versuch, sich unnötigerweise selbst übers Ohr zu hauen.

Aus dieser Perspektive betrachtet, geht es bei der Meditationspraxis gar nicht so sehr darum, womöglich irgendwann mal Erleuchtung zu erlangen. Vielmehr darum, ein gutes Leben zu führen. Um zu lernen, wie wir ein gutes, ein makelloses Leben führen können, brauchen wir ein jederzeit gegenwärtiges Gewahrsein, das mit dem Leben ständig auf Tuchfühlung bleibt, unmittelbar, ganz schlicht.

3

Der Mond in Ihrem Herzen

Wollen Sie ein Krieger werden und sich ansehen, wer Sie wirklich sind, kommt es darauf an, aufrichtig zu sein, ohne sich selbst zu verurteilen. Bei solch einer Selbstbetrachtung werden Sie möglicherweise feststellen, dass Sie ein unartiger Junge oder ein ungezogenes Mädchen gewesen sind. Unter Umständen wird Ihnen dann ganz entsetzlich zumute sein. Vielleicht werden Sie den Eindruck haben, Ihr Dasein sei erbärmlich, in einem heillosen Zustand, durch und durch rabenschwarz, die reinste Hölle. Womöglich erblicken Sie in und an sich selbst aber auch mancherlei Gutes. Jedenfalls geht es hier einzig und allein darum, sich den Tatsachen zu stellen. Aufrichtigkeit spielt eine ganz entscheidende Rolle. Sehen Sie einfach die schlichte, ungeschminkte und ungeschönte Wahrheit in Bezug auf sich selbst. Fangen Sie an, ehrlich zu sich zu sein, dann entwickeln Sie den nötigen Mumm, den man braucht, um unverbrüchlich zur Wahrheit zu stehen. Das heißt indes keineswegs, dass Sie sich selbst niedermachen sollen. Finden Sie lediglich heraus, was da ist. Sehen Sie es sich einfach an, und halten Sie dann inne! Betrachten Sie sich also erst einmal, doch verurteilen und verdammen Sie sich nicht. Seien Sie sachlich. Seien Sie nüchtern, sachlich und präsent. Darauf kommt es an. Sehen Sie schlicht und einfach hin. Und sobald Sie dann die Situation in größtmöglicher Vollständigkeit erblicken, hat Ihr Dasein als Krieger begonnen.

Sobald Sie sich eingestehen, dass Sie sich so erbärmlich fühlen, können Sie von Grund auf heiter sein. Das ist die interessante Wendung. Sie werden ein gesunder, ganzheitlicher, aufrichtiger Mensch. Derart aufrichtig sind wir gewöhnlich nicht. Möglicherweise sind Sie der Meinung, das Universum veräppeln, es an der Nase herumführen zu können. Vor diesem Hintergrund entwickeln Sie dann alle möglichen abwegigen, neurotischen Potenziale und reden sich ein, es sei gar nicht notwendig, sich Ihre Situation offen und ehrlich vor Augen zu führen. Wenn Sie jedoch einfach nur da, einfach nur präsent sind und auf diese Weise sehen, welch eine Finsternis tatsächlich vorhanden ist, werden Sie dadurch ermutigt, das Licht zum Vorschein kommen und die Sonne aufgehen zu lassen.

Nach und nach stellen Sie fest, dass Sie wahrhaftig sind. Wohlbefinden und ein Gefühl von Stabilität stellen sich ein. Doch damit nicht genug. Sie fühlen sich nicht nur stabil, nicht nur real. Da ist mehr: Ihnen wird klar, dass Sie in gewisser Weise richtig Mumm haben. Buddha-Natur haben Sie bereits in sich, weil Sie sich selbst so treu sind – treu im Sinn von unbedingter Aufrichtigkeit. So etwas wie ein wahres Selbst, ein fest gefügtes *reales* Selbst, gibt es tatsächlich gar nicht. Wenn Sie sich selbst offen und ehrlich betrachten, bemerken Sie, dass Ihre Vorstellung von „Wirklichkeit" eigentlich immer mehr verblasst. An deren Stelle finden Sie ganz weiten, offenen Raum, der durch nichts bedingt, von nichts abhängig ist, viel Luft und Platz zum Atmen bietet. Wenn Sie sich ganz und gar angeschaut haben, fühlen Sie sich unbedingt – ohne bestimmten Grund – gut.

Zugleich beginnen Sie zu erkennen, dass es eine größere Weisheit gibt. Wie klug oder gebildet Sie auch sein mögen – über die Natur der Wirklichkeit, so wird Ihnen klar, wissen Sie nicht gerade gut Bescheid. Um einen wirklichen Kontakt zu sich selbst herstellen zu können, benötigen Sie Unterstützung. Jemand muss Ihnen helfen, wach zu werden. Bei manchen Menschen genügt es, wenn sie mit dieser Wachheit oder Weisheit in einem Buch oder in Form einer kontemplativen Disziplin, in der sie sich üben, in Berührung kommen. Dessen ungeachtet kommt sie von irgendwoher. Ursprünglich musste Weisheit aus der Inspiration und der Einsicht eines anderen Menschen hervorgehen, und der oder die Betreffende musste bereit sein, sie anderen mitzuteilen. Wir befinden uns in einer ausgesprochen glücklichen Lage, wenn wir einem authentischen Lehrer begegnen, einem Menschen, der uns an seinem Wissen und seiner Weisheit unmittelbar teilhaben lässt, indem er oder sie uns beispielsweise beibringt, wie man meditiert, oder uns anderweitige Kenntnisse vermittelt.

Treten wir wirklich mit uns selbst in Kontakt, dann bedeutet das im Sinn der buddhistischen Überlieferung, dass wir dem Quell der Weisheit, unserem Lehrer, Respekt erweisen. Ein authentischer Lehrer hat seinerseits vor dem Weisheitswissen Ehrfurcht und Respekt. Wir erkennen an, dass die betreffende Person über ein tiefer gehendes Verständnis verfügt. Darauf basiert unsere Beziehung zu ihr oder ihm. Die Wertschätzung, die wir unserem Lehrer entgegenbringen, bezieht sich demnach eher auf das Verständnis als auf den Rang der oder des Betreffenden. Die Beziehung zu unserem Lehrer und unser Respekt beruhen also auf dem Respekt vor derartigem Wissen und vor dem Menschen, der darüber verfügt. Wer Zugang zu mehr Wissen über die Beschaffenheit der Wirklichkeit hat als wir, verdient Respekt.

Die Beziehung zu einem Lehrer ist freilich keine einseitige Angelegenheit. Die Kommunikation sollte nicht nur vom Lehrer zum Schüler hin fließen, sondern ebenso vom Schüler zum Lehrer. Indem unsere Beziehung zu einem Lehrer sich weiterentwickelt, wird der Lehrer an einem bestimmten Punkt für uns vielleicht zu einem „spirituellen Freund“. Solch ein spiritueller Freund ist ein aufrichtiger Freund, ein geradliniger Freund, ein echter Freund, ein Freund, der genügend Kraft und Stärke entwickelt hat, um anderen wirklich hilfreich zur Seite stehen zu können.

Allmählich begreifen wir, dass der Lehrer mehr ist als eine Art Auskunftei, Infothek oder spirituelle Enzyklopädie. Der authentische Lehrer hat eine bestimmte Kraft entwickelt, in der seine oder ihre Verbindung zur Erscheinungswelt zum Ausdruck kommt. Hier ist nicht von magischen Kräften die Rede, sondern von der Kraft, die aus der Verbindung zur Wirklichkeit erwächst – einer Kraft, die stärker ist als jegliche Phantasie. Dank seiner Schulung entwickelt der Lehrer die Fähigkeit, die entsprechende Verwirklichung, oder geistige Gesundheit, auf andere zu übertragen.

Solch eine Übertragung erfolgt zunächst einmal mittels Kommunikation zwischen Lehrer und Schüler, darüber hinaus durch das so zwischen ihnen entstehende grundlegende Verständnis. Dies muss eine organische Beziehung sein. Der spirituelle Freund hat keine Scheu, Ihnen gegenüber die Wahrheit auszusprechen und sich um Ihre Angelegenheiten zu kümmern. Und ist die Zeit erst reif, dann kann der spirituelle Freund im richtigen Moment in Ihrem System das Herz der Erleuchtung wecken. Dies nehmen Sie nun so wahr, als handele es sich um eine Arznei, die Ihnen in die Venen injiziert wird (obgleich das Herz des Buddha schon die ganze Zeit in Ihnen vorhanden war).

Natürlich werden Sie nicht einfach widerstandslos zulassen, dass jemand Ihre Welt betritt und etwas in Ihr Dasein injiziert. Das könnte ausgesprochen beunruhigend sein. Doch diese Technik ist ja nicht erst gestern oder vorgestern ausgebrütet worden, sondern sie wird bereits seit über 2500 Jahren angewendet. Viele Tausende, ja Millionen Male schon war sie im Einsatz. Und tausendfach, millionenfach geschah dies mit Erfolg.

Merkwürdigerweise fühlt es sich, wenn dieses spezielle Element, Ihre Buddha-Natur, in Ihrem Seinsstrom zum Leben erweckt wird, für Sie so an, als hätten Sie es mit einem Fremdkörper in Ihrem System zu tun. Gemäß der buddhistischen Überlieferung nennt man diese Erfahrung „das Herz der Erleuchtung einpflanzen" oder „den Vollmond in Ihr Herz verpflanzen". Vielleicht wird der Vorgang jedoch leichter verständlich, wenn wir statt vom Einpflanzen des Vollmonds davon sprechen, dass wir des Vollmonds teilhaftig werden beziehungsweise diesen in uns erwecken. So können wir besser begreifen, dass der Mond, auch wenn er einem Geschenk gleicht, bereits in uns vorhanden ist.

Stellen Sie sich vor, wie der Mond durchs Fenster in Ihr Wohnzimmer scheint, immer näher kommt und mit einem Mal in Ihr Herz hineingelangt. Kann sein, dass Sie völlig ausrasten oder gegen die ganze Sache einen Widerstand empfinden – im Allgemeinen fühlt man sich jedoch unglaublich erleichtert: „Puh, der Vollmond ist in mein Herz gekommen." Das ist schon etwas Tolles, etwas Wunderbares.

Allerdings könnten Sie, wenn der Vollmond in Ihrem Herzen auftaucht, auch ein bisschen in Panik geraten: „Himmel nochmal, was hab' ich denn bloß angestellt!? Da ist ja ein Mond in meinem Herzen. Was mach' ich jetzt bloß? Wie er strahlt, das ist mir einfach zu hell."

Womöglich geraten Sie mehr in Panik, als wenn Sie feststellen würden, dass Sie schwanger geworden sind. Denn kommt das Baby zur Welt, ist es zunächst winzig klein. Es mischt sich nicht gleich nach der Geburt in Ihre Angelegenheiten ein. Erst muss es alles Mögliche lernen: atmen, von der Mutterbrust trinken, laufen und sprechen. Dann muss es lernen, aufs Töpfchen zu gehen. Der Mond hingegen ist gleich vollständig entwickelt. Selbst wenn er erst heute Morgen in Ihr Herz gelangt sein sollte, ist er bereits voll und ganz da. Das ist es ja gerade! Uns bleibt absolut keine Wahl. Eventuell sind wir deshalb ein wenig in Sorge. Unter Umständen überkommt den Ego-Geist ein Gefühl, als sei er entjungfert worden. Ihre Festung haben Sie verloren.

Wir sind gewohnt, uns „ich" zu nennen, von „mein" und „das ist meins" zu sprechen. „Nie würde ich jemandem zu meiner Welt Zutritt gewähren. Alles, was mich betrifft, geht nur mich etwas an, ist einzig und allein *meine* Angelegenheit." Über solch eine als Aggression bekannte Härte sind Sie inzwischen hinausgelangt. Der Mond ist in Ihr Herz eingepflanzt, und vielleicht wird Ihnen das nicht gefallen. Manchmal kann es ein schreckliches Gefühl sein: „Was hab' ich bloß angestellt?" Sie hoffen, es handele sich lediglich um einen Traum, um eine weitere Phase. Doch das ist nicht bloß eine weitere Phase, so stellt sich dummerweise heraus, nicht nur ein Probedurchlauf. Vielmehr ist es real, absolut real. Wir haben den Vollmond der Erleuchtung in unser Herz eingepflanzt. Solch ein Mond kann, ganz nebenbei bemerkt, nicht abnehmen: Niemals nimmt er ab, immer nur weiter zu.

Im Verlauf jenes Prozesses, in dem uns das klar wird, verspüren wir unter Umständen auch eine tiefe Traurigkeit. Denn im Grunde genommen hat unser Ich seine Jungfräulichkeit eingebüßt. In gewisser Weise mag das ein gutes Gefühl sein. Gleichzeitig kommen wir uns jedoch ein wenig verloren vor. Am liebsten wollen wir an unserem guten alten Ich festhalten. Das gute alte Lieschen Müller oder Hänschen Klein war stets voll von diesem Ich und legte gewöhnlich enorm viel Mut, Charme und Aggression an den Tag. Auf unsere Eifersucht sind wir immer unglaublich stolz gewesen, und eine Niederlage mussten wir nie hinnehmen. Gewöhnlich lief es doch ganz prima. Falls andere uns in die Quere gekommen sind, haben wir uns ihrer auf diese oder jene Weise entledigt.

Jetzt aber haben wir den Salat: ein einziges Durcheinander in unserem Leben. Denn wir haben zugelassen, dass dieser blöde Mond in unser Herz gelangt ist. Wir sind berührbar und wehmütig geworden, und mit unserer Selbstdarstellung als Macho funktioniert es nun nicht mehr so recht.

Im Extremfall verspüren Sie womöglich den Wunsch, alles zu zerstören, was zu dem Wachheitsprinzip in einer Verbindung steht. Nicht auszuschließen, dass Ihnen sogar der Gedanke kommt, Ihren Lehrer zu töten, Ihre Bücher zu verbrennen, ja notfalls sogar sich selbst zu vernichten, bloß um den Mond wieder loszuwerden. Ansonsten, so meinen Sie, könne er Sie noch um den Verstand bringen.

Wenn Sie es andererseits von einer nicht bedingten Warte aus betrachten, handelt es sich hier um den größten Durchbruch, den Sie überhaupt in Ihrem Leben erfahren können. Schauen Sie sich den Mond in Ihrem Herzen wirklich an, dann fühlen Sie sich überaus wohl. Das ist der erste Schritt. Zum ersten Mal haben Sie sich als reale Person entdeckt, ohne jede Maskerade, ohne alles unechte Getue. Dennoch bleiben Sie irgendwie einsam und traurig. Aus solch einer Traurigkeit spricht das Verlangen, noch mehr zu ergründen, daraus spricht das Verlangen nach höherer Weisheit. Auf Sie wartet noch allerhand.

4

Die Sonne in Ihrem Kopf

Nachdem Sie den Mond in Ihrem Herzen erweckt haben, fühlen Sie sich einsam, und naturgemäß sind Sie bekümmert. Die Einsamkeit könnte davon zeugen, dass Sie sich gegen den nächsten Schritt sperren, sich selbst ausbremsen. Von weiteren Monden und von anderen Menschen wollen Sie nun, da Sie den Mond im Herzen haben, nicht behelligt werden. Ihnen ist wohler zumute, wenn Sie für sich bleiben können, und so zögern Sie, sich über diesen Punkt hinauszuwagen. Nun brauchen Sie unbedingt noch mehr Heldenmut, die Geisteshaltung eines Kriegers wird besonders dringend benötigt.

Im nächsten Schritt geht es darum, Magie anzuerkennen. Das soll hier nicht heißen, dass wir aus Wasser Feuer machen oder über die Zimmerdecke spazieren können. Wenn wir in diesem Zusammenhang von Magie sprechen, besagt das vielmehr: Wir sind in der Lage, unsere Erfahrung der Erscheinungswelt zu transformieren. Unsere gewöhnlichen Erfahrungen von Leidenschaft, Aggression und grundlegender Unwissenheit können in einen natürlichen Daseinszustand verwandelt werden, in einen von Leidenschaft, Aggression und Unwissenheit freien Zustand. Solch eine Erfahrung natürlicher Magie wird durch das Einpflanzen der Sonne in unser Gehirn möglich.

Der buddhistischen Überlieferung zufolge repräsentiert die Sonne das weibliche Prinzip, während der Mond als das männliche Prinzip gilt. Das weibliche Prinzip wird mit dem Gebärvorgang in Verbindung gebracht, es steht für alles, was Wachstum und Fruchtbarkeit begünstigt. Und wo pflanzen Sie die Sonne ein? Die Sonne, so überraschend das klingen mag, wird in Ihr Gehirn, in Ihren Kopf eingepflanzt. Der Mond, das männliche Prinzip, wird in Ihr Herz verpflanzt, die Sonne dagegen in Ihr Gehirn.

Welche Eigenschaften hat die Sonne? Natürliche Wachheit zählt zu diesen Eigenschaften, Furchtlosigkeit und Freundlichkeit ebenfalls. Durch Verwendung des Wortes *natürlich* heben wir die Wachheit von allem ab, was fabriziert, was künstlich hervorgebracht worden ist. Alles Fabrizierte ist – offenkundig – artifiziell. Der Ausdruck „natürliche Wachheit" verweist hier auf einen Zustand, in dem man nicht zu kämpfen, sich nicht abzustrampeln braucht, kein bisschen aggressiv ist. Somit steht die Sonne für andauernde Anmut, Güte, Wohlwollen und Freundlichkeit; und zugleich für Furchtlosigkeit. All diese Prinzipien werden in Ihren Kopf eingepflanzt.

Wenn die Sonne, das weibliche Prinzip, in Ihr Gehirn eingepflanzt beziehungsweise dort wachgerufen wird, zeigt sich für Sie die Notwendigkeit, Ihr Leben derart zu organisieren, dass es diesen natürlichen, durch Einsichtsvermögen, durch Intelligenz, durch unterscheidendes Gewahrsein gekennzeichneten Zustand widerspiegelt. Ihre Welt hätten Sie jetzt gern ein wenig hübsch und ordentlich. Mehr noch, sie könnte strahlend schön werden. Also fangen Sie an, Ihre Welt in eine Art Palast, in eine elegante Wohnstätte zu verwandeln. Solch ein elegantes Umfeld orientiert sich nicht an Anregungen oder Vorgaben aus Zeitschriften für Einrichtungs- und Wohnkultur wie *Schöner Wohnen* oder *Architectural Digest*. Eher erinnert es, mögen wir den Gedanken vielleicht auch schockierend finden, an den Hofstaat eines Dschingis Khan. Mit der asiatischen Kultur, insbesondere mit den Kampfsportarten hat das aber nichts weiter zu tun. Vielmehr soll hier einfach ein natürliches Empfinden für Würde und Pracht zum Tragen kommen können.

Seinerzeit habe ich bei der Planung eines Erweiterungsbaus für das Praxiszentrum Karme Chöling, das ich mit meinen Schülern im ländlichen Vermont gegründet hatte, mit einem Architekten zusammengearbeitet. Die gesamte Erweiterungsplanung, angefangen beim Schreinraum bis hin zur Renovierung der Küche, lag in den Händen dieses Gentlemans. In allen Dingen wurden wir miteinander einig – bis ich zur Sprache brachte, dass wir in der Schreinhalle Säulen bräuchten. Dafür hatte er überhaupt kein Verständnis. Er wartete mit hunderttausend Gründen auf, weshalb wir auf keinen Fall inmitten der Halle Säulen errichten sollten. Seiner Ansicht nach würde das dem Raum den ganzen visuellen Reiz nehmen und im Grunde nur architektonische Probleme heraufbeschwören. Es fehlte wahrhaftig nicht mehr viel, und er hätte mir erklärt, das ganze Gebäude drohe einzustürzen, falls wir den Raum mit Säulen ausstatten würden. Wir haben geredet, geredet und geredet. Widerstrebend stimmte er dem Bau der Säulen schließlich doch zu. Nach wie vor blieb ihm allerdings unbegreiflich, weshalb ich sie unbedingt haben wollte.

Als später dann die Begutachtung der Entwürfe durch Bauingenieure anstand, stellte sich heraus, dass die Säulen aus Gründen der Statik vollkommen unentbehrlich waren. Der Architekt hatte angenommen, sie dienten lediglich der Dekoration. Tatsächlich kam ihnen jedoch, wie nun deutlich wurde, eine echte Funktion zu. Zwar hat es eine Weile gedauert, doch dann ging ihm umso gründlicher ein Licht auf. Dies Beispiel zeigt, wie das Sonnenprinzip bei Ihnen im Kopf wirksam wird.

Die Sonne in Ihrem Kopf versetzt Sie in die Lage, Ihre Welt auf ganz natürliche Weise intelligenter zu organisieren. Ein Gebäude braucht Fenster und Türen, außerdem eine Balkenkonstruktion – und gegebenenfalls eben auch Säulen. Genauso benötigt Ihr Leben eine Struktur. Bei diesem Sinn für Organisation geht es freilich um grundlegendere Dinge als die Frage, welche Teppiche Sie auf den Boden legen oder ob die Wände weiß gestrichen sein sollten. Das Gefühl, Schutz zu genießen, über eine gewisse Struktur zu verfügen, gehört zu den lebensnotwendigen Dingen. Sich in einem bestimmten Umfeld, oder Umkreis, zu wissen, Teil von etwas zu sein oder den natürlichen Ein- und Ausgang zu finden, den es in Ihrer Welt gibt – all das geht von der Sonne aus, die Sie in Ihren Kopf eingepflanzt haben. Und allmählich sehen Sie, wie die Intelligenz in den Raum ausstrahlt. Die Strahlkraft der Kriegerschaft ist sichtbar geworden.

Damit in Ihrem Leben Wachheit zum Ausdruck kommt, benötigen Sie indes mehr als bloß ein leeres Gebäude. Wer wird den Raum bewohnen? Hier ist davon die Rede, wie Sie es bewerkstelligen können, dass in Ihrem Leben eine Atmosphäre von Wachheit entsteht. Menschen schaffen diese Atmosphäre. Jemand übernimmt in einer bestimmten Situation die Position beziehungsweise die Funktion eines Fensters. Die oder der Betreffende lässt Licht herein oder sorgt für die Raumbelüftung. Jemand anderes wird zur Tür, zum Eingangsportal. Wieder jemand anderes wird zur tragenden Säule und sorgt für den Erhalt des Raumes, für seine Bestandssicherung. Eine weitere Person wird zum Abwaschbecken; sie oder er verkörpert die praktischen Aspekte der Situation. Leblose Objekte als Rahmenbedingungen des Raumes reichen, für sich allein genommen, nicht aus. Menschen müssen gleichsam zur Zimmerdecke, zu Fenstern und Wänden werden. Dies kennzeichnet im innersten Kern ein natürliches Dasein, das wir auch als Mandala-Prinzip bezeichnen.

Das Umfeld sollte durch Würde und durch Aufrichtigkeit, durch Ehrlichkeit gekennzeichnet sein. Haben Sie die Sonne in Ihren Kopf eingepflanzt, dann sind diese Qualitäten die Bezugspunkte für die Gestaltung unserer Welt. Würde und Aufrichtigkeit als Bestandteil ein und derselben Situation – solch eine Erfahrung kennen viele Menschen gar nicht. Manche meinen vielleicht, bei Würde handele es sich um etwas Wichtigtuerisches oder Aufgesetztes. Ganz im Unterschied zu Aufrichtigkeit, die in ihren Augen etwas Schroffes hat, mit dem man leicht aneckt. Mit der Aufrichtigkeit verhält es sich ihrer Vorstellung zufolge ungefähr so, als würde einem etwas unangenehm aufstoßen, woraufhin man dann alles ausspuckt und nichts für sich behält. Aber es gibt auch eine andere Art von Aufrichtigkeit, die es uns gestattet, bescheidene und würdevolle Menschen zu sein. Das charakterisiert im Wesentlichen die Verhaltensregeln eines Kriegers.

Die Ehrlichkeit und Vertrauenswürdigkeit eines Umfelds sprechen für sich. Sollte jemand dem, was Sie tun, mit Argwohn und Misstrauen begegnet sein, werden sich die Betreffenden vermutlich, sobald sie in das von Ihnen geschaffene Umfeld kommen und dort die tatsächliche Umsetzung Ihrer Leitvorstellungen erblicken, zu entspannen beginnen und Sie akzeptieren können. Wenn Sie die Sonne der Weisheit in Ihren Kopf verpflanzen, herrschen dort Wachheit, ein natürlicher Sinn für das Dasein und Wahrhaftigkeit – alles gleichzeitig. Eine ausgesprochen erfreuliche, eine ganz zauberhafte Welt.

5

Von unzerstörbarer Natur

Kriegerschaft ist ein natürlicher Wachstumsprozess. Nachdem wir uns ein Grundverständnis von Kriegerschaft angeeignet und eine Verbindung zu ihr entwickelt haben, pflanzen wir den Mond in unser Herz ein. Das beinhaltet Freundlichkeit, Mitgefühl und Wachheit. Als Nächstes pflanzen wir die Sonne in unseren Kopf ein. Dadurch bringen wir noch mehr Wachheit und Wahrhaftigkeit in die ganze Situation.

Ein Krieger entwickelt sich weiter, weil er kein bisschen faul ist. Gemeinhin sind wir ziemlich faul, wenn es darum geht, in unserem Leben eine spirituelle Reise anzutreten. Faul sein heißt hier einfach, dass wir uns nicht aufrappeln können. Möglicherweise sind Sie ja vage daran interessiert, ein besserer oder „höher" entwickelter Mensch zu werden. Allerdings sind Sie zu faul, um tatsächlich ernst damit zu machen. Haben Sie diese Einstellung überwunden, können Sie den Mond in Ihr Herz einpflanzen. Und das steht mit der Weiterentwicklung Ihrer gebenden, mitfühlenden Natur in Zusammenhang. Im Innern entwickeln Sie Sanftheit und liebevolle Freundlichkeit, *Maitri*. Außerdem entwickeln Sie Mitgefühl, *Karuna*.

Die Sonne in Ihren Kopf einzupflanzen steht in einem Zusammenhang mit der Entwicklung eines weiter reichenden Intellekts,

Prajna. Mitunter sperren wir uns gegen die Vorstellung, dass wir unseren Intellekt entwickeln sollten. Intellektualisierung hat einen unangenehmen Beigeschmack. Mit ihr assoziieren wir, dass wir uns von den eigenen Empfindungen entfernen, auf Distanz zu ihnen gehen – und darüber hinaus nicht die Bereitschaft aufbringen, uns einer grundlegenden Selbstbetrachtung zu unterziehen.

Von unserem Intellekt Gebrauch zu machen, um das eigene Leben zu verstehen, ist im Grunde genommen jedoch eine ausgesprochen gute Sache. Der Intellekt, Prajna, repräsentiert den präzisesten Punkt innerhalb unserer Erfahrung. Schärfen wir den Intellekt, führt das zu größerer Genauigkeit. Der Intellekt bietet uns eine direkte Möglichkeit, die Dinge so zu sehen, wie sie sind, sodass wir das unserer Erfahrung innewohnende Potenzial nicht verkennen und es nicht unbeachtet lassen. Dank Prajna lernen wir, im Augenblick präsent zu sein. Wir lernen, gewahr und genau zu sein.

Dadurch vermögen wir innerhalb unserer Erfahrungen zwischen den samsarischen, oder verwirrten, und den erleuchteten, oder wachen, zu unterscheiden. In der meditativen Sitzpraxis sind wir in der Lage, schlussfolgernde, diskursive Gedanken von dem zu unterscheiden, was die Essenz von Achtsamkeit und Gewahrsein ausmacht. Zwischen beidem bestehen Unterschiede, das beginnen wir zu begreifen. Weder das eine noch das andere wird freilich per se zurückgewiesen oder akzeptiert. *Alles* wird für uns zum Bestandteil der Praxis. In der Welt unserer Praxis braucht es kein bisschen knauserig zuzugehen, vielmehr wird sie hochgradig intelligent.

Verstehen wir erst einmal, wie wir im eigenen Leben die Dinge handhaben sollten, werden wir einen natürlichen Sinn dafür entwickeln, wie wir dies auf andere ausweiten und uns für andere Menschen öffnen können. Die Fähigkeit, auf unsere Mitmenschen zuzugehen, hängt vor allem davon ab, wie man sich selbst als Hänschen Klein oder Lieschen Müller tatsächlich wahrnimmt. Ist dies ein gutes Hänschen Klein? Ist das ein erbärmliches Lieschen Müller? Oder ist dieser Manni Müller eine zweifelhafte Person? Es ist möglich – und in der Vergangenheit tatsächlich auch so geschehen –, sich selbst gegenüber eine ganz und gar positive und, in einem gewissen Sinn, gewöhnliche Haltung einzunehmen, die aber zugleich außergewöhnlich ist und das Leben als etwas betrachtet, das es verdient, gefeiert zu werden. Unsere Einstellung zu uns selbst können wir freundlicher und leichter gestalten. Lieschen Müller könnte sich auf ganz natürliche Weise als Lieschen Müller erfahren, könnte ein echtes Lieschen-Müllersein, eine echte Lieschen-Müllernis bei sich verspüren. Wir könnten zu uns selbst wirklich in Verbindung treten.

In gewisser Hinsicht ist das sehr verzwickt. Denn sollten Sie andererseits versuchen, Lieschen-Müllerhaftigkeit zu erreichen, Ichhaftigkeit, wird es sogleich problematisch. Lieschen-Müllerhaftigkeit ist störrisch, aggressiv und aufgedreht. Demgegenüber ist Lieschen-Müller*nis* ausgesprochen vernünftig. Solch einem Lieschen Müller geht es überhaupt nicht darum, Lieschen-Müller*haftigkeit* zu erreichen. Eher führt sie ein Ist-mir-völlig-schnuppe-Dasein. Dieses Lieschen Müller hat sich die Sonne in den Kopf gepflanzt. Dieses Lieschen Müller hat einen natürlichen Sinn für Würde. An dem Punkt sind Lieschen Müller oder Hänschen Klein in gewissem Maß zu einem wirklichen Selbstverständnis gelangt. Auch wenn es sich wahrscheinlich noch nicht um eine umfassende Verwirklichung handelt, fangen Lieschen und Hänschen an solch einem Punkt an, sich zu entspannen und sich wohlzufühlen in der eigenen Haut.

Schritt für Schritt entwickelt sich so die Situation weiter, sie wird fröhlicher, und es gibt dabei viel zu lachen. Lieschen und Hänschen entwickeln großen Eifer. Sie erfreuen sich des Lebens. Gern essen sie gut. Wie sie sich kleiden, wie sie gehen, wie sie sprechen, wie sie leben – das alles bereitet ihnen Freude. Selbst wenn sie vielleicht nur in einer Einzimmerwohnung leben, kann ihre Lebenssituation ihnen Auftrieb geben und von einer gewissen Eleganz zeugen.

Über jede Menge Geld zu verfügen und eine riesengroße Wohnung zu haben, darin besteht nicht die Lösung Ihrer Probleme. Denn dessen ungeachtet werden Sie nach wie vor alle erdenklichen emotionalen Konflikte erleben. In jedem Umfeld, das ist der entscheidende Punkt, können Sie eine Lebenssituation herbeiführen, die Ihnen Auftrieb gibt, Ihnen ein erhebendes Gefühl vermittelt.

In der Welt des Kriegers sind Sie der König beziehungsweise die Königin Ihrer Lebenssphäre. Sie sind Ihr eigener Herr, selbständig und eigenverantwortlich. Das Leben will gefeiert werden, und den Sinn dafür entwickeln Sie, weil der Mond in Ihrem Herzen und die Sonne in Ihrem Kopf miteinander eins geworden sind. Würde und Eleganz werden für Sie etwas ganz Natürliches und Wunderschönes, etwas Kerngesundes und Gutes. Nirgends findet sich auch nur die geringste Spur von Falschheit, von Verstellung, von irgendwelchem Getue.

Mit dieser von Grund auf natürlichen Ganzheit, mit dieser Kerngesundheit, beginnt sich das zu entwickeln, was wir als Vajra bezeichnen: als unzerstörbare Natur. *Vajra* ist ein Wort aus dem Sanskrit. Das entsprechende tibetische Wort lautet *Dorje*. Nirgends habe ich eine gute englische Übersetzung dafür gefunden. Vajra bedeutet, eine diamantgleiche Natur zu haben, eine unzerstörbare Natur. Nachdem wir im eigenen Dasein eine gewisse Eleganz zu entdecken vermochten, die sich in unserem Auftreten, in unserer Gefasstheit und Gelassenheit widerspiegelt, entdecken wir nun etwas darüber noch Hinausgehendes, das wir als Vajra-Natur bezeichnen, als eine Qualität von unzerstörbarer Wachheit und bemerkenswerter Präsenz.

Die Unzerstörbarkeit der Vajra-Natur drückt sich in der Vorstellung aus, dass niemand Ihnen den Weg, dem Sie sich widmen – das Dasein, das Sie demgemäß führen – ausreden kann. Die Außengrenze ist abgesichert. Eindringlingen bleibt daher keine Chance. In einen Diamanten kommt man nicht hinein. Der Diamant ist bereits voll und ganz Diamant, völlig unzerstörbar und unangreifbar. Vielleicht meinen Sie, dass Sie zu stolz, zu überheblich werden und eine eigene Egozentrik an den Tag legen, wenn Sie solch ein Vajra-Dasein entwickeln. In der Theorie ist das zwar möglich; wenn jemand den Mond in sein Herz gepflanzt hat, bedeutet das in der Praxis jedoch, dass die betreffende Person bereits im Begriff steht, sich von den Vorstellungen einer individuellen „Eigenrealität", von Ichhaftigkeit, zu lösen.

Ohne Meditation zu praktizieren, ist es schwierig, wenn nicht gar unmöglich, zu solch einem Verständnis zu gelangen. Sollten in

Ihrem Terminkalender tatsächlich nur zehn Minuten am Tag zum Meditieren verfügbar sein, lohnt es sich trotzdem, für die Dauer dieser zehn Minuten zu meditieren. Das wird Ihnen helfen, Freundlichkeit und Gutheit in Ihrem Leben zu entdecken und Ihr Leben in der Weise zu organisieren, dass Sie für den Mond in Ihrem Herzen und die Sonne in Ihrem Kopf tatsächlich echte Wertschätzung aufbringen und darüber hinaus Vajra-Natur entwickeln.

Vajra-Natur wird mit der erleuchteten Kriegerschaft assoziiert. Die elementare Natur des Kriegers wird offen gelegt: Darauf verweist Vajra-Natur. Wie bereits angesprochen, ist das Wort *Krieger* ein neutraler Ausdruck. Weder bezieht er sich speziell auf einen Mann noch speziell auf eine Frau. Würden wir in Bezug auf einen weiblichen Krieger von einer „Kriegerin" sprechen, so würde das die Bedeutung, die der weiblichen Kriegerschaft zukommt, komplett verfehlen. Daher verwenden wir ausschließlich den Ausdruck *Krieger*.

Den Shambhala-Prinzipien der nichtaggressiven Kriegerschaft wie auch den buddhistischen Prinzipien der Nichtaggression zufolge ist das weibliche Prinzip überaus kraftvoll. Wenn Sie sich mit einem Widersacher auseinandersetzen oder ihn angreifen müssen, machen Sie sich für diesen Angriff am besten die Kraft des weiblichen Prinzips zunutze. Sobald das weibliche Prinzip in Form von Zorn zum Ausdruck kommt, entsteht daraus eine der allertödlichsten Waffen. Die Symbolik von Pfeilspitzen, explodierenden Bomben, dem Knoten am Ende einer Peitschenschnur und züngelnden Flammen – dies alles basiert auf dem weiblichen Prinzip – zeigt eine potenziell tödliche Ausprägung des Femininen.

Das männliche Prinzip ist im Grunde sehr ruhig und sanft, ganz so wie der Mond. Denken Sie beispielsweise an eine Fackel. Das maskuline Prinzip stellt hier den Handgriff für die Flamme zur Verfügung. Der Stab, den Sie in der Hand halten, entspricht dem männlichen Prinzip, der Solidität, einer verlässlichen Kameradschaft. Obenauf brennt die weibliche Flamme, die unvorhersehbar oder in diesem Sinn vielleicht auch unzuverlässig ist: Ihrer können Sie sich nicht wirklich sicher sein.

Zugleich führt das weibliche Prinzip Handlungen zur Vollendung. Wenn Sie zum Beispiel ein einschneidiges Schwert betrachten, wird das weibliche Prinzip mit der Schneide beziehungsweise dem Schneidevorgang assoziiert. Das männliche Prinzip sorgt hingegen für die Wucht, für das Gewicht hinter der Schneide. Die Klinge wird als das weibliche Prinzip aufgefasst, das die Situation tatsächlich durchdringt. Es kann bewirken, dass Blut fließt, und es sorgt für Geburt und Tod. Der dickere Klingenstahl hinter der Schneide steuert demgegenüber das Gewicht bei – Ausdruck von Loyalität und Verbundenheit. In manchen Überlieferungen wird der Mond als weiblich aufgefasst, während die Sonne das Männliche repräsentiert. Hier verhält es sich jedoch umgekehrt. Vor dem Hintergrund Ihrer persönlichen Erfahrung, und wenn Sie sich anschauen, wie wir uns zueinander verhalten, werden Sie, glaube ich, die weit größere Stimmigkeit dieser Betrachtungsweise erkennen.

Was Sonne und Mond miteinander verbindet beziehungsweise ihre Vereinigung möglich macht, ist die völlig ungekünstelte Echtheit, die schlichte und schnörkellose Wahrhaftigkeit der Vajra-Natur. Die Vereinigung der beiden Prinzipien duldet keine Schwindeleien oder faulen Tricks. Soll ein gutes Schwert entstehen, müssen die Schärfe der Klinge und das Gewicht des Schwerts eine Einheit ergeben. Wenn Sie ein Samurai-Schwert in der Hand führen, werden Sie merken: Es ist leicht und gleichzeitig schwer. Wir können zur Einheit unserer Erfahrung gelangen, um uns so in der Welt zu manifestieren. Auf diese Weise verwirklichen wir Vajra-Natur. Sie ist die diamantgleiche Manifestation der Buddha-Natur – in die Tat umgesetzte Buddha-Natur.

6

Heilige Welt

Die Erfahrung von Heiligkeit vereint den Mond in Ihrem Herzen mit der Sonne in Ihrem Kopf. Außerdem stärkt und unterstützt sie das in grundlegender Weise Gesunde und Vernünftige in Ihrem Dasein – die Vajra-Natur. Vielfach haben wir, wie bereits erwähnt, die Vorstellung, unser Leben sei erbärmlich. Daher betrachten wir es mit einer gewissen Geringschätzung. Wir versuchen, ein guter Junge und ein gutes Mädel zu sein. Mühsam schlagen wir uns durch im Leben. Schrittchen für Schrittchen, Tag für Tag legen wir unsere Reise zurück. Den lieben langen Tag strampeln wir uns ab, am Abend gehen wir schlafen, am nächsten Morgen stehen wir auf, und dann beginnt alles wieder von vorne, ohne dass wir uns sonderlich inspiriert fühlen. Wenn man sein Leben so verbringt, ist man häufig niedergeschlagen. Man kommt sich unwürdig vor, unbedeutend und schal wie abgestandene Coca-Cola. Hin und wieder spielt sich etwas Aufregendes ab, und für eine Weile fühlen wir uns dann ein bisschen wohler. Unsere Laune hebt sich, wir sind ziemlich gut drauf. Dahinter jedoch lauert wie ein Plagegeist die ganze Zeit jenes gewohnte alte „Ich".

Dieses altbekannte erbärmliche „Ich" ist eine Belastung. Wie ein bleischwerer Schuh zieht es uns runter. Tatsächlich aber besteht keinerlei Notwendigkeit, solchermaßen zu leben. Stattdessen könnten wir in Feierlaune sein und, in einem positiven Sinn, eine hohe Meinung von uns haben. Das heißt nicht, dass wir einem Teil von uns den Laufpass geben, den übrigen Teil hingegen kultivieren sollen. Stattdessen könnten wir uns einfach die Lieschen-Müllernis, die Du*nis*, in aller Offenheit anschauen. Wenn wir das tun, ist so viel Raum vorhanden, dass wir uns, wiederum in einem positiven Sinn, in uns selbst verlieben können. Sie fangen an, Lieschen Müller beziehungsweise Hänschen Klein zu mögen. Von da an verschwindet allmählich das andere Hänschen Klein. Dabei hat sich Ihre Persönlichkeit eigentlich gar nicht groß gewandelt. Eher hat der positive Aspekt Ihrer Persönlichkeit an Raum gewonnen, sich weiter ausbreiten können. Unsere Welt könnten wir als eine große Welt ansehen, und uns selbst als offen und weit. Wir können unsere Welt als etwas Heiliges ansehen. Darin liegt der Schlüssel zur Vereinigung von Sonne und Mond.

Heiligkeit – das Heilige – entsteht, indem wir uns selbst gegenüber Freundlichkeit entwickeln. Bei sich zu sein hat dann rein gar nichts Irritierendes mehr. Sobald erst einmal uns selbst gegenüber eine derartige Freundlichkeit Einkehr gehalten hat, begegnen wir auch dem Rest der Welt mit Freundlichkeit. Traurigkeit, Einsamkeit und Erbärmlichkeit beginnen sich an dem Punkt in Wohlgefallen aufzulösen. Wir entwickeln einen Sinn für Humor und sind nicht gleich total angefressen, wenn wir früh am Morgen mal miserablen Kaffee vorgesetzt bekommen. Auf solch einem Boden gedeiht die Wertschätzung unserer Menschenwürde. Der Mond in Ihrem Herzen ist dann etwas vollkommen Natürliches und Offenkundiges, und ebenso offenkundig und natürlich ist die Sonne in Ihrem Kopf.

Keineswegs versucht man, allein für die Sonnenseite des Lebens ein Auge zu haben und diese Perspektive zur Ausgangsplattform für sich selbst zu machen. So etwas ist mit Heiligkeit nicht gemeint. Vielmehr ist sie gleichbedeutend mit unbedingter Heiterkeit – mit einer Heiterkeit, die keine andere Seite, sondern nur diese eine Seite hat, von *einem* Geschmack ist. Daraufhin beginnt in Ihrem Herzen Gutheit zu erwachen. Und so wird in allem, was auch immer wir erfahren, was wir sehen, was wir hören, was wir denken, etwas Heiliges, etwas Sakrales, spürbar. Die Welt ist an diesem Punkt ein Ort voller Gastlichkeit. Scharfe Ecken und Kanten beginnen sich zu runden und zu verschwinden, die Finsternis in unserem Leben lichtet sich allmählich.

Das ist keineswegs zu schön, um wahr zu sein. Solch eine Gutheit und Heiligkeit sind unbedingt gut. Sobald wir uns darüber wirklich im Klaren sind, werden wir zu einem anständigen Menschen und zu einem wahren Krieger. Dieser Ansatz, das sollten wir uns immer wieder vergegenwärtigen, bedarf der Sitzpraxis, der Meditation. Beides muss Hand in Hand gehen. Die Meditation dient uns als Übungsfeld, als Stützpunkt, und in den Boden dieses Übungsfeldes wird dann die Saat des freundlichen Umgangs mit uns selbst eingebracht. Der entscheidende Punkt dabei ist die Wertschätzung unserer Lebenswelt, die zur Vajra-Welt wird, zur Welt des Kriegers, zu einer heiteren Welt. Diese Welt wird nie zu gut oder zu schlecht.

Die grundlegende Vorstellung des Sieges beinhaltet für einen wahren Krieger nicht, dass Sie Ihrem Widersacher gegenüber die Oberhand behalten. Sieg bedeutet hier unbedingten Sieg auf der Grundlage unbedingter Kriegerschaft. Heiligkeit bedeutet, dass wir in allen möglichen Alltagssituationen furchtlos sind, zum Beispiel wenn wir uns die Zähne putzen oder Geschirr spülen. Diese Furchtlosigkeit kann sich überall und jederzeit äußern.

In der Welt der untergehenden Sonne, der Welt der Verwirrung, ist mit Disziplin und Uniformität ziemlich viel Schindluder getrieben worden. Beides jedoch, diszipliniert zu handeln und eine gewisse Uniformität zu wahren, muss durchaus nicht aggressiv sein. In der Welt des Kriegers kann Uniformität ein wirkungsvolles Mittel für uns sein, sie kann dazu beitragen, dass wir den *einen* Geist erlangen. Dieser eine Geist ist der Geist der Freundlichkeit. Die Disziplin des Kriegers ist keineswegs ein Zeichen von Aggression, vielmehr bewahrt sie uns vor der eigenen Aggression. Ein Krieger sollte darum ausgesprochen freundlich und sanft sein. Freundlichkeit allein reicht allerdings nicht aus: Zugleich sollte er ein einfallsreicher, ein wacher und guter Mensch sein.

Was immer Sie als Krieger tragen, ist in gewissem Sinn eine Uniform. Haben Sie zwei Arme, zwei Augen und eine Nase, dann ist dies Ihre Uniform. Jede/r hat sie! Die künstlichen Uniformen, die in der Welt der untergehenden Sonne noch darüber gestülpt werden, sind häufig indes ganz unübersehbar Ausdruck von Aggression. Demgegenüber zeugt eine gewisse Uniformität in der Welt des Kriegers von Zuversicht und Freundlichkeit.

Unbedingte Furchtlosigkeit ist heiter, sehr leicht und unbeschwert. In irgendeiner Weise feige oder furchtsam zu sein oder auch nur einen Moment lang zu zweifeln, dazu besteht keinerlei Notwendigkeit. Im Grunde wäre es vielleicht sogar besser, statt von Furchtlosigkeit lieber von Zweifelsfreiheit zu sprechen. Der Krieger kennt keinen Zweifel. Da gibt es, worum auch immer es gehen mag, kein langes Hin- und Herüberlegen. Weil die Welt, wie sie ist, vollkommen ist, bleibt für Zweifel kein Raum. Die wahre Vorstellung von „Sieg" beinhaltet also, sich überhaupt nicht mit einem Feind abgeben zu müssen.

Besteht „Sieg" in der Vorstellung von „kein Feind", dann ist die ganze Welt ein Freund. Darauf scheint die gesamte Philosophie des Kriegers hinauszulaufen. Bei dem wahren Krieger handelt es sich also keineswegs um einen Menschen, der ein Schwert trägt, ständig auf der Hut ist und immerzu ein wachsames Auge darauf hat, was sich hinter seinem Rücken abspielt. Denn das ist ein Ausdruck von Feigheit, mithin die Perspektive eines von der Sonnenuntergangsmentalität geprägten Kriegers. Der wahre Krieger verfügt ohnehin über eine Waffe. Viele Dinge in Ihrem Leben können Ihnen als Waffe dienen, als ein Kommunikationsmittel, das die Aggression, scharf wie eine Rasierklinge, durchdringt. Alles kommt dafür in Frage. Falls Sie einen Schnurrbart tragen, könnte der Ihre Waffe sein. Der Krieger hat es nicht nötig, eine künstliche, eine fabrizierte Waffe zu tragen, eine Schusswaffe beispielsweise. Feige Menschen tragen Schusswaffen, weil sie so feige, so furchtsam sind. Zwar braucht man sich nicht zu scheuen, eine derartige Waffe anzurühren oder notfalls sogar Gebrauch von ihr zu machen. Das bedeutet freilich nicht, dass Sie Derartiges die ganze Zeit mit sich rumschleppen müssen. Kriegerschaft wird durch Furchtlosigkeit und Freundlichkeit definiert. Das sind Ihre Waffen. Ein echter Krieger wird wahrhaft freundlich, da weit und breit überhaupt kein Feind vorhanden ist.

7

Die Erziehung zum Krieger

In diesem Kapitel werden wir uns die Erziehung des Kriegers anschauen, um uns auf die gesamte Kriegertradition besser einstimmen zu können. Dadurch gewinnen wir eine andere Blickrichtung auf den Umgang mit dem furchtsamen Geist. So können wir die Disziplin des Kriegers in uns wachrufen, und wir gewinnen eine klare Vorstellung von der großen östlichen Sonne, der Sonne der Wachheit. Vor uns liegt eine persönliche Reise durch die Prinzipien des Kriegers. Diese Reise basiert auf unserer inneren Entwicklung und den damit einhergehenden psychischen Prozessen. Anhand der nachfolgend beschriebenen Erziehung eines Kriegers erhalten wir die Möglichkeit, uns auf das zu besinnen, was wir auf unserem Weg bislang erreicht haben. Zugleich bietet das hier Beschriebene uns neue Anregungen dafür, wie wir mit anderen Menschen arbeiten können.

Anfangs haben wir einen ängstlichen, einen furchtsamen Geist. Dieser kennzeichnet die Mentalität all derer, die nach wie vor lieber im Kokon der Bequemlichkeit schlummern. Den Menschen fallen zahllose Gründe ein, weshalb sie lieber weiterschlummern möchten. Die Welt sei für sie ein allzu unwirtlicher Ort, klagen sie, darum müssten sie in ihrem Kokon bleiben. Philosophen, Psychologinnen,

Mathematiker, Musikerinnen, auch Köche und Schneiderinnen – alle möglichen Menschen von unterschiedlichster Mentalität – haben wahrscheinlich ihre jeweils eigene Antwort auf die Frage, warum man sie in ihrem höchst persönlichen Kokon in Ruhe lassen sollte.

In Anbetracht solch einer von Angst bestimmten Ausgangssituation werden die kleinen Kriegerkinder oder -babys, diese Krieger in spe, sicherlich mit Argumenten und den Mitteln der Logik rechtfertigen, warum sie besser in ihrem Kokon hocken bleiben sollten. Diejenigen von uns, die den Kokon verlassen und sich in die Welt des Kriegers hinausbegeben haben, gehen mit solchen angehenden Kriegern freilich stets freundlich um. Wir respektieren sie. Andererseits wollen wir sie auch nicht für alle Zeiten weiter in ihrem Kokon hocken und schlummern lassen. Also holen wir sie vorsichtig aus dem Kokon, um sie stattdessen in die Wiege der Herzensgüte zu legen, und wir hoffen, dass sie sich durch unser Vorgehen nicht gar zu sehr beeinträchtigt fühlen.

Mitunter sind sie beleidigt. Vielleicht strampeln und schreien sie, oder sie lassen uns sogar eine Ladung Dünnpfiff voll ins Gesicht sausen. Trotz alledem sind sie aber ziemlich schwächliche und putzige Wesen. Mögen sie auch strampeln und schreien, wir legen sie in die Wiege der Herzensgüte. Auf solche Menschen sind wir stolz, und ungeachtet ihrer üblen Laune erkennen wir in ihnen den angehenden Krieger. Wir fühlen uns nicht abgestoßen. Ihnen im ersten Schritt fürsorglich und liebevoll zu begegnen erfordert dennoch viel Geduld.

Nachdem wir sie in der Wiege untergebracht haben, verköstigen wir sie mit jener reichhaltigen und strahlenden Milch, die aus der Zweifelsfreiheit entsteht. Zweifelsfreiheit ist kennzeichnend für die Art und Weise, wie wir die in ihrem Kokon lebenden Menschen aufpäppeln. Reichhaltig und strahlend ist die Milch, weil es sich nicht um gewöhnliche Milch handelt, denn sie enthält den ganzen Segen der Krieger-Übertragungslinie. Die Milch fördert also nicht einfach ihre Kokonhaftigkeit, sodass sie dann eines Tages wieder in ihren Kokon zurückkehren können. Dies ist eine ganz besondere Milch, direkt aus der Brust des weiblichen Prinzips, das hier für den Frieden und die Harmonie der Shambhala-Welt steht – wahre Vorzugsmilch.

Indem die Menschen diese Milch trinken, beginnen sie sich in ihrem Kokon weiterzuentwickeln. Allerdings sollten wir keine zu naiven Erwartungen hegen. Gut möglich, dass sie nach wie vor strampeln und aus vollem Hals schreien werden. Aber das ist eine gute Übung, die sie in ihrer Entwicklung weiter voranbringt. Schließlich sollen sie kräftige Lungen haben; und sie sollen kräftige Muskeln haben. Darum lassen wir sie strampeln und schreien. Solange sie von dieser reichhaltigen und strahlenden Milch trinken, ist alles in Ordnung. In dieser Phase gibt es gar nichts Besseres für sie.

Und dann, in der Atmosphäre der Furchtlosigkeit, im kühlen Schatten der Furchtlosigkeit, wedeln Sie mit dem Fächer aus Freude und Glück. Weder wollen Sie die Menschen im Kokon mit dieser dicken, süßen Milch überfüttern, noch wollen Sie, dass sie ganz und gar in ihre kleine Privatsphäre eingekuschelt bleiben und andauernd nur Milch trinken. Vielmehr wollen Sie, dass sie nun einen gewissen Eindruck von ihrem weiteren Umfeld erhalten. Früher oder später sollen sie die Wiege, das Gitterbettchen, verlassen. Darauf ist der Ausbildungsprozess angelegt. Um sie in der Atmosphäre der Furchtlosigkeit entsprechend vorzubereiten, wedeln Sie mit dem Fächer aus Entzücken, Freude und Glück. Gut, wenn sie sich schon mal ein bisschen aus dem Kokon hinauswagen und nach draußen gehen, wenigstens in den Hof oder in den Garten. So machen sie sich mit der äußeren Welt vertraut, selbst wenn es sich bei ihr in dem Fall lediglich um den Schatten der Furchtlosigkeit handelt. Es mag kein besonders großer Schritt sein – doch allemal besser, als die ganze Zeit in ihrem kleinen Zuhause eingesperrt zu sein.

An dem Punkt ist ein Kinderwagen oder Kinder-Sportwagen das passende Gefährt für den Kokon-Bewohner. Zwar hat ihn das Strampeln in der Wiege bereits ziemlich gekräftigt, nach wie vor muss er indes in einem Kinderwagen durch die Gegend gefahren werden. Nichtsdestoweniger können Sie ihn im Kinderwagen getrost bei sich haben. So kann er alles Mögliche miterleben, was die Erscheinungswelt zu bieten hat. Sie nehmen ihn oder sie zu der selbstexistierenden Spielwiese mit, auf der sich dem Betrachter alle erdenklichen Szenarien zeigen, Sonnenuntergangsszenarien ebenso wie solche der großen östlichen Sonne. Selbstexistierend ist die Spielwiese, weil wir es hier nicht mit etwas von uns Fabriziertem, sondern mit einer naturgegebenen Situation zu tun haben.

Ein wenig gleicht dies einem Disneyland-Besuch. Einerseits ist Disneyland zwar, so könnte man sagen, durch ultimative Sonnenuntergangsmöglichkeiten gekennzeichnet, zugleich aber durchaus gut gemeint. In Disneyland gibt es viel Gutheit, Sanftmut und Humor. Fast könnte man dies mit der Ebene der großen östlichen Sonne vergleichen, und es scheint dabei noch nicht einmal ausschließlich um den finanziellen Ertrag zu gehen.

Mit der selbstexistierenden Spielwiese verhält es sich ähnlich. Die Phänomene, die man hier zu sehen bekommt, kann man als Sonnenuntergangssituationen, allerdings ebenso als solche der großen östlichen Sonne auffassen. Sofern wechselseitig Humor mit im Spiel ist, kommt diese Art von Verbindung zustande.

Auf der nächsten Stufe wird es richtig ernst. Nun folgt ein bedeutsamer Schritt: Der Kokon-Bewohner steigt aus dem Kinderwagen aus und beginnt eigenständig zu laufen, indem er ein paar kleine Schrittchen macht. Im ersten Moment durchaus eine schockierende Erfahrung! Denn einen sanften Übergang gibt es hier nicht. Und dann wird dem Kokon-Bewohner, um das Urvertrauen des angehenden Kriegers zu bekräftigen, unvermittelt eine Waffe ausgehändigt.

Ein ganz schön gefährliches Unterfangen. Bei unseren Babys und Kleinkindern würden wir das nicht tun. Ihnen drücken wir nicht einfach Messer und Gabel in die Hand. Immerhin könnten sie mit solchen Utensilien seltsame Dinge anstellen. Womöglich würden sie sich Schnitt- oder Stichverletzungen zufügen. Aber immerhin handelt es sich ja bei den Kokon-Bewohnern nicht um Kinder im buchstäblichen Sinn. Sie können 80 Jahre alt sein oder 25 Jahre oder 16. Wie auch immer, wir sollten uns unbedingt vor Augen halten, dass wir hier nicht über die Kleinkinderziehung sprechen. Erwachsene dafür zu begeistern, sich aus ihrem Kokon herauszuwagen, das ist unser Thema. Deshalb nehmen wir in diesem Fall die

Kokon-Bewohner zum Bogenschießplatz der Krieger mit – an einen Ort, an dem unser Urvertrauen zum Tragen kommt. Dort lassen wir sie Pfeile abschießen, sie können mit dem Bogen spielen und auch schon mal einen Blick auf das Ziel werfen.

Das Aussteigen aus dem Kinderwagen ist der erste wirkliche Durchbruch. Wenn Sie die angehenden Krieger zum Bogenschießplatz mitnehmen, stößt das bei ihnen auf starke Resonanz, und da sie ebenfalls dieses Urvertrauen in sich tragen, bahnt sich auf diese Weise eine Verbindung an. Grundlegende Gutheit, grundlegende Menschlichkeit, grundlegende Kriegerhaftigkeit, darüber verfügen sie bereits. Daher kann es sein, dass sie zu ihrer ursprünglichen Natur erwachen.

Damit sie bei diesem Erwachen ein wenig Schützenhilfe erhalten, werden die Kokon-Bewohner schließlich mit ihren Mitmenschen bekannt gemacht, mit anderen Kriegern; ebenso mit ihren Tanten, ihren Onkeln und mit verdienten Staatsmännern, den älteren Kriegern der Shambhala-Welt. Würde man zu früh den Versuch unternehmen, sie mit solchen Menschen bekannt zu machen, dann würden sie vielleicht sagen: „Pah! Damit will ich nichts zu tun haben." Darum lassen wir sie erst einmal mit Pfeil und Bogen spielen, dem Handwerkszeug der Krieger – halb Spielzeug, halb Waffe. Nachdem sie dann zum Bogenschießplatz mitgegangen sind, beginnen sie eine Verbindung zu den verdienten älteren Staatsmännern zu entwickeln. Diese verkörpern das Beste an der menschlichen Gesellschaft, der Gesellschaft der Krieger: etwas, das sich durch Schönheit und Würde auszeichnet.

Wenn die Kokon-Bewohner diese Verbindung knüpfen, sind sie in der Lage, ganz unabhängig, ohne Kinderwagen, nach draußen zu gehen. Jetzt können sie eigenständig laufen, und vielleicht werden sie schon bald elegante Anzüge beziehungsweise Kleider oder Rüstungen tragen, je nachdem, was Ihnen zur Verfügung steht. Zu guter Letzt sind die Kokon-Bewohner zu ganz und gar menschlichen Wesen geworden.

Der ängstliche Geist kann sich nun tatsächlich in den Geist des Kriegers verwandeln. Der einstige Kokon-Bewohner hat aufgehört, ein solcher zu sein. Er oder sie hat den Kokon längst vergessen, mag auch nach wie vor der Wunsch bestehen, doch noch mal in den Kinderwagen hineinzuhüpfen. Immerhin ist nun aber die reale Verbindung zur Kriegerwelt geknüpft worden. Genau genommen trifft es gar nicht richtig zu, dass sich der Geist des Kokon-Bewohners in den Geist des Kriegers wandelt. Vielmehr verwirklicht er die ihm bereits innewohnende, in grundlegender Weise gute Natur.

Da der Kokon-Bewohner jetzt zu einem Krieger geworden ist, beginnt sie oder er die allzeit jugendliche Zuversicht zu verwirklichen. Diese Zuversicht hängt damit zusammen, dass die betreffende Person nun einen ersten Eindruck von der Magie in ihrem Dasein gewonnen hat. Und so beginnt sich ihr Geist zu entspannen. Allmählich entwickelt sie einen natürlichen Gutheitszustand – einen Zustand, der keinen Anfang und kein Ende kennt. An dem Punkt, wenn mehr und mehr Wachheit vorhanden ist, verwandelt der Kokon-Bewohner sich in einen wirklichen Krieger, für den die große östliche Sonne erfahrbar wird.

8

Gewaltlosigkeit

Im vorigen Kapitel haben wir uns den angehenden Krieger als Kleinkind im Kokon angeschaut. Die Erziehung zum Krieger lässt sich allerdings noch auf andere Weise beschreiben: mit Blick auf die Entwicklung des Ich und auf den Umgang des Kriegers mit der Angst und all den übrigen Problemen, die sich aus der falschen Annahme ergeben, das Selbst sei eine feste Einheit, eine stabile Entität.

Aus dieser Perspektive betrachtet, fühlt das Ich sich ziemlich einsam und allein. Zugleich ist es dauernd darauf aus, sich zu verteidigen. Wie es feststellen muss, besteht es nämlich aus einer Ansammlung von Wünschen, Erwartungen, Vorstellungen, Schlussfolgerungen, Erinnerungen und vielen weiteren Dingen. Für das Ich ist diese Ansammlung zu komplex – es kann sie nicht erfassen. Der Einfachheit halber konstruiert es darum: „Ich bin." Oder: „Ich bin das Ich." Anschließend hat es die Neigung, sich dieses Etikett anzuheften, als sei es tatsächlich eine individuelle Entität. Nachdem es nun also eine Bezeichnung für sich gefunden hat, muss das Ich einen Großteil der Zeit damit verbringen, sich um die eigene Absicherung zu kümmern. Eigentlich weiß es ja, dass es keineswegs etwas Reales und Solides ist. Deshalb hat es alle Hände voll damit zu tun, um sich herum eine Mauer aufzubauen, um sich von allem „anderen" abzusondern. Andererseits will es dann natürlich, nachdem es die Barriere errichtet hat, auch unverzüglich mit diesem anderen kommunizieren, das es nun als „außerhalb", nicht als Teil seiner selbst wahrnimmt.

Falls jemand der vom Ich errichteten Mauer zu nahe kommt, fühlt es sich verunsichert. Da es glaubt, angegriffen zu werden, hält es die aggressive Einstellung, die es daraufhin an den Tag legt, für die einzige Möglichkeit, sich der Bedrohung zu erwehren. Angesichts einer scheinbar von außen kommenden Bedrohung – einer Krankheit beispielsweise, dieser oder jener unliebsamen Erfahrung in der Welt oder auch eines Widersachers im buchstäblichen Sinn –, führt tatsächlich jedoch nur ein einziger Weg zu einem ausgeglichenen Daseinszustand: Statt sich diese Dinge vom Hals schaffen zu wollen, sollte man versuchen, sie zu begreifen und sie sich persönlich zunutze zu machen. Entwickelt man Ichlosigkeit – das Gegenstück zu jenen Spielen, die das Ich spielt –, führt einen das zu *Ahimsa*, zu Gewaltlosigkeit. Ahimsa bezeichnet eine Möglichkeit, auf gewaltlose Weise mit einer Situation umzugehen. Das ist der Weg des Kriegers.

Um den gewaltlosen Ansatz entwickeln zu können, müssen Sie zuallererst einmal einsehen, dass Ihre Probleme Sie eigentlich gar nicht zu ruinieren versuchen. Gewöhnlich sind wir bestrebt, uns unserer Probleme möglichst umgehend zu entledigen. Wir meinen, hier seien gegen uns gerichtete Kräfte am Werk, die es zu überwinden gelte. Doch wir sollten unbedingt lernen, einen freundschaftlichen Umgang mit unseren Problemen zu kultivieren, indem wir das entwickeln, was auf Sanskrit Maitri beziehungsweise auf Deutsch Herzensgüte oder Liebe genannt wird. Denn hervorgerufen werden all diese Probleme und Schwierigkeiten im Grunde durch unsere Vorstellung von Dualität, von Getrenntheit. Einerseits sind Sie sich der anderen sehr wohl bewusst, ebenso Ihrer selbst, und Sie wollen etwas tun, um mit den anderen in der Weise zu arbeiten, dass es Sie weiterbringt. Andererseits sind Sie dazu nicht in der Lage, weil eben zwischen Ihnen und den anderen eine derart große Kluft besteht.

Das ergibt das Gefühl von Bedroht- und Getrenntsein. Darin liegt die Wurzel des Problems.

An einem bestimmten Punkt entwickeln Sie dann den aufrichtigen Wunsch, die Mauer zu beseitigen: dasjenige, mit anderen Worten, was Sie von den anderen trennt. Keinesfalls aber sollten Sie in solchen Kategorien wie „gegen die Probleme ankämpfen und sie zunichte machen" denken. Ebenso wenig sollten Sie die Vorstellung haben, sich auf einem Schlachtfeld zu bewegen. Dadurch werden die Probleme nämlich nur umso handfester. Im Hinblick auf solche Situationen sind die Kampfsportarten ausgesprochen interessant – hinsichtlich ihres Umgangs mit Problemen und weil man sich hier in der wahren Kunst des Krieges übt.

Um mit dieser Dichotomie von „selbst" und „andere" arbeiten zu können, müssen Sie zunächst einmal die Tatsachen und die Muster des Lebens in Betracht ziehen, also Ihr Verhalten, Ihren Kommunikationsstil und Ihre Lebensführung insgesamt. Bestimmte Aspekte Ihres Lebens sind unausgewogen. Ebendiese Dinge können jedoch in einen ausgewogenen Zustand gebracht werden, und darauf kommt es für uns in allererster Linie an.

Ein Ungleichgewicht wird durch dreierlei hervorgerufen: durch Unwissenheit, Hass und Verlangen. Tatsächlich sind diese Dinge nichts Schlechtes. Gut und schlecht haben damit nichts zu tun. Vielmehr befassen wir uns hier lediglich mit der Frage von Ausgewogenheit und Unausgewogenheit. Wir sprechen nicht entweder ausschließlich über den spirituellen Aspekt unseres Lebens oder aber über seinen weltlichen Aspekt, sondern über das Leben in seiner Ganzheit. Wer sich auf unausgewogene Weise verhält, wird der Situation nicht gerecht. Er oder sie handelt nicht angemessen. Die eine Handlung überlagert die andere. So gelangt die Handlung nicht zum Abschluss, bleibt das Handeln unvollständig. Und das bedeutet letztlich: Man hat kein volles Gewahrsein der Situation und empfindet keine Präsenz. Im gegebenen Moment wird eine Handlung nicht richtig in die Tat umgesetzt: Wenn die betreffende Person die momentan zu verrichtende Handlung halbwegs ausgeführt hat, drängt es sie bereits, zur nächsten Handlung überzugehen. Das führt im

Geist zu einer Art Verdauungsstörung. Denn stets bleibt irgendetwas unabgeschlossen, als würde man eine angebissene Frucht zur Hälfte liegen lassen.

Wenn Sie von einem Obstbaum Früchte pflücken, fällt Ihr Blick vielleicht auf eine spezielle Frucht: Köstlich sieht sie aus, optimal ausgereift. Genau diese Frucht möchten Sie jetzt gern essen. Gerade in dem Moment, da Sie hineinbeißen, werden Sie allerdings auf eine weitere Frucht aufmerksam, die noch verlockender aussieht. Sogleich recken und strecken Sie sich nach ihr, bis Sie auch diese Frucht vom Baum geholt haben. Auf diese Weise stopfen Sie sich mit Früchten voll, eine nach der anderen. Am Ende essen Sie sogar Früchte, die noch gar nicht richtig reif sind, was letztlich Verdauungsstörungen nach sich zieht.

Ausgewogenheit ist also eine ganz schlichte und bodenständige Vorstellung. Bestimmte Verhaltensmuster sind einfach nicht ausgewogen. Ursache dafür ist entweder Unwissenheit, Hass, Leidenschaft oder eine Kombination aus diesen Faktoren.

Unwissenheit bedeutet in dem Fall, dass man nicht konsequent zu Ende führt, was man gerade tut. Unwissenheit ignoriert, was ist, weil Ihr Geist entweder von Erfahrungen aus der Vergangenheit oder von zukunftsbezogenen Erwartungen in Anspruch genommen wird. Daher sind Sie nie in der Lage, *jetzt* präsent zu sein. Unwissenheit bedeutet, nicht zur Kenntnis nehmen, was gegenwärtig da ist beziehungsweise geschieht.

Aggression stellt ein weiteres Problem dar. Falls Sie aggressiv sind, sobald Ihre Empfindungen und Gefühle ins Spiel kommen, bringen Sie dadurch in keiner Weise Ihre Stärke zum Ausdruck. Vielmehr versuchen Sie bloß, sich auf eine ziemlich klägliche und unbeholfene Weise zu verteidigen. Im Zustand der Aggression versuchen Sie dauernd, gegen jemand anderen anzukämpfen. Ihr Geist ist derart mit Ihrem Widersacher beschäftigt, dass Sie sich unablässig in der Defensive befinden und aus Furcht, Ihnen werde etwas zustoßen, auf die eigene Verteidigung bedacht sind. Eine positive Alternative, eine Alternative, die Ihnen eine wirkungsvolle Regelung der Probleme ermöglichen würde, vermögen Sie daher überhaupt nicht in Betracht zu ziehen. Stattdessen ist Ihr Geist wie benebelt. Die Geistesklarheit, die man benötigt, um sich auf die Situationen einlassen und zu ihnen in Beziehung treten zu können, fehlt Ihnen. Die Fähigkeit, in der jeweiligen Situation angemessen zu reagieren oder zu handeln, hat rein gar nichts damit zu tun, dass man eine erhöhte Aggressivität an den Tag legt. Ebenso wenig beruht sie freilich auf einer sonderlich pazifistischen Vorstellung, der zufolge man grundsätzlich nicht kämpfen sollte. Vielmehr sollten wir bestrebt sein, einen Mittelweg zu finden, der es uns ermöglicht, uns mit aller Energie, aber ohne jede Aggression für etwas einzusetzen.

Nicht aggressiv werden, nicht zum Nachteil seiner Mitmenschen handeln, Ihnen nicht mit Feindseligkeit begegnen – das ist der wahre Weg des Kriegers. Wenn wir hören, wir müssten mit einer Herausforderung fertig werden, neigen wir gewöhnlich zu der Vorstellung, aggressiv handeln beziehungsweise reagieren zu müssen. Doch das ist eine glatte Fehleinschätzung. Sind wir aggressiv, hat das mit einer angemessenen Nutzung oder einer richtigen Kanalisierung unserer Energie nichts zu tun. Das sollten wir uns unbedingt klar machen.

Bestimmten buddhistischen Überlieferungen folgend, haben sich in manchen chinesischen Klöstern die Mönche in Judo, Karate und weiteren Kampfsportarten geübt – allerdings nicht, um andere Menschen in die Schranken weisen, sie fertig machen oder gar töten zu können. Vielmehr haben die Mönche mit Hilfe dieser Kampfsportarten gelernt, den eigenen Geist zu meistern und mit schwierigen Situationen auf eine ausgewogene Art und Weise umzugehen, ohne sich in Hass oder in die Panik des Ich zu verstricken.

Wer sich in den Kampfsportarten übt, ergeht sich dem Anschein nach in aggressiven Handlungen. Im Grunde ist man jedoch keineswegs aggressiv. Denn man entwickelt keinen Hass, und ebenso wenig erfolgen die ausgeführten Handlungen aufgrund von Hass. In Wahrheit kommt es bei den Kampfsportarten darauf an, einen Zustand zu erreichen, in dem man volles Selbstvertrauen hat und ganz genau weiß, was man ist und zu tun versucht.

Wir sollten lernen, die andere Seite jeder Situation zu erfassen, mit dem Kontrahenten oder dem Problem Freundschaft zu schließen, um den Widersacher in aller Klarheit wahrzunehmen und zu begreifen, worin sein nächster Schritt bestehen wird. In Tibet wird diese Idee mit Hilfe des Logikstudiums in die Tat umgesetzt.

Während meines Studiums in Tibet haben wir ein wahrhaft ausgeklügeltes Logiksystem erlernt, in dessen Rahmen man ein Argument nicht ganz einfach nach Lust und Laune vertritt, sondern sich an bestimmte Regeln und Begriffe der Logik halten muss. Wenn Ihr Kontrahent in einer Debatte ein Argument vorbringt, stehen Ihnen lediglich vier verschiedene Erwiderungsmöglichkeiten offen: „Warum?“, „Stimmt nicht ganz“, „Falsch“ oder „Nein“. Allein eine dieser vier Antworten dürfen Sie geben. Ihr Gegenüber darf seine Argumentation entfalten, und er darf auf vielerlei Art und Weise versuchen, Sie argumentativ bloßzustellen. Im Unterschied dazu dürfen Sie zur Entkräftung seiner Argumente nur auf diese vier Wendungen zurückgreifen. Und damit Sie sich jeweils für die richtige Wendung entscheiden, müssen Sie genau wissen, was Ihr Kontrahent in den nächsten zehn Minuten sagen wird. Das wissen Sie nicht einfach nur; Sie *spüren* es, weil Sie eins sind mit der Situation. Ihrem Kontrahenten gegenüber empfinden Sie, jedenfalls in der Theorie, keinerlei Angriffslust. Daher ist auch keine Aggression mit im Spiel, die Ihren Blick trüben und Sie dazu bringen könnte, das Geschehen zu verkennen. Sie erfassen die Situation in großer Klarheit und können dementsprechend wirkungsvoll zu ihr in Beziehung treten.

Grundsätzlich sollten Sie, wenn Sie jemanden vor eine wahrhaft große Herausforderung stellen wollen, Ihren Widersachern gegenüber sehr viel Maitri, sehr viel Herzensgüte entwickeln. Der deutsche Ausdruck *Herzensgüte*, das Gleiche gilt für *Mitgefühl*, ist normalerweise ein ziemlich gefühlslastiges, dennoch eher blasses Wort mit manch einer Konnotation zur gängigen Vorstellung von Barmherzigkeit und Nächstenliebe. Davon unterscheidet sich Maitri – obgleich hier selbstverständlich ebenfalls ein Gefühlsaspekt inbegriffen ist, weil für Gefühle immer Raum bleibt. Dessen ungeachtet beinhaltet Maitri nicht einfach nur Liebenswürdigkeit und Nettigkeit, sondern man versteht, dass man eins werden muss mit der Situation. Das soll indes nicht heißen, dass die eigene Persönlichkeit komplett auf der

Strecke bleibt und man jedes Ansinnen der anderen Person akzeptieren muss. Vielmehr gilt es, die Barriere zu überwinden, die Sie zwischen sich und anderen errichtet haben. Wenn Sie diese Barriere beseitigen und sich öffnen, werden wahre Einsicht und Klarheit sich in Ihrem Geist ganz von allein entwickeln.

Um jemanden wirklich herausfordern zu können, das ist der springende Punkt, müssen Sie zunächst einmal solche Herzensgüte entwickeln und ein derartiges Verlangen nach Offenheit empfinden, dass keinerlei Wunsch mehr vorhanden bleibt, jemanden herauszufordern. Denn hat man den Wunsch, einen anderen Menschen zu bezwingen oder sich in einem Wettstreit gegen ihn durchzusetzen, dann ist im Verlauf des Prozesses, in dem man sie oder ihn herausfordert, der Geist von diesem Wunsch erfüllt. Daher ist man im Grunde gar nicht in der Lage, sein Gegenüber richtig herauszufordern. Erst jenseits des Herausforderns erlernt man die Kunst der Kriegsführung.

Für den wahren Krieger spielt der Gedanke an Herausforderung also keine Rolle, und er befasst sich im Geist auch nicht mit dem Kampfplatz, nicht mit vergangenen oder mit zukünftigen Auswirkungen des Kampfes. Der Krieger ist vollkommen eins mit seinem Mut, mit seiner Unerschrockenheit, eins mit dem gegebenen Augenblick. Im Wissen um die Kunst der Kriegsführung verweilt er oder sie vollkommen gesammelt im Augenblick.

Ihr Vorgehen zeugt von allergrößter Kunstfertigkeit: Ihr Geist kehrt nicht zu vergangenen Begebenheiten zurück, ebenso wenig entwickeln Sie Ihre Stärke, indem Sie an künftige Konsequenzen oder an den Sieg denken. Vielmehr verweilen Sie im gegenwärtigen Augenblick, vollkommen gewahr. Das verhilft Ihnen ganz von allein zum Erfolg in der Auseinandersetzung.

Aus dieser Perspektive betrachtet, kommt es darauf an, dass der Krieger wirklich in der Lage ist, mit der Situation eins zu werden und Maitri zu entwickeln. Dann wird die gesamte Kraft der Gegenseite eins mit Ihnen. Die Gegenkraft benötigt ihrerseits einen Gegenpart – eine Kraft, die in Erscheinung tritt, gegen sie vorgeht, sich ihr entgegenstellt. Ihr Widersacher kommt auf Sie zu, und je näher er heranrückt, umso mehr erwartet er, einer anderen Kraft zu begegnen, die auf ihn zukommt und sich ihm widersetzt. Wenn solch eine Kraft in keiner Weise vorhanden ist, fällt sein Angriff einfach in sich zusammen. Er verfehlt das Ziel, kollabiert, und seine ganze Kraft wird gegenstandslos. Ungefähr so wie wenn jemand versucht, gegen eigene Halluzinationen anzukämpfen: Sobald er mit größerer Heftigkeit gegen die Halluzinationen anzugehen versucht, stürzt er selbst zu Boden. Das ist der Knackpunkt: Wenn Sie Ihrerseits keine Hassenergie produzieren, fällt die Gegenkraft in sich zusammen.

Hier besteht auch eine Verbindung zum Umgang mit den eigenen Gedanken während der Meditationspraxis. Wenn Sie nicht den Versuch unternehmen, die eigenen Gedanken zu unterdrücken, sondern sie einfach annehmen und sich nicht in sie verstricken, dann wird das ganze Gedankengebäude eins mit Ihnen und stellt nicht länger eine Störung dar.

Die Praxis des Yoga, wie sie in der indischen Überlieferung gelehrt wird, weist ebenfalls mancherlei Verbindungen zur gewaltlosen Kunst der Kriegsführung auf. Im Yoga beruht alles auf dem Gedanken, dass man in sich selbst die Kraft entdeckt. Das unterscheidet sich davon, wie man der gewöhnlichen Vorstellung zufolge Stärke entwickelt. Gemeinhin neigen wir zu einer Denkweise, der zufolge Stärke bedeutet, dass man die nötige Kraft entwickelt, jemand anderen zu bezwingen oder zu beherrschen. Bei Stärke denken wir an eine Kraft, an der es einem mangelt, zu der man allerdings gelangen und die man weiterentwickeln kann, um schließlich jemanden herauszufordern und ihn zu besiegen.

Im Unterschied dazu entwickelt man in der eigentlichen Yoga-Praxis wie auch in den Kampfsportarten einen rundum ausgeglichenen Geisteszustand und bezieht aus ihm seine Stärke. Mit anderen Worten: Man wendet sich dem Ursprung jener Kraft und Stärke zu, die in einem selbst existiert, beziehungsweise kehrt zu diesem Ursprung zurück. Müsste man neue Stärke einzig und allein mittels gymnastischer Übungen oder eines anderweitigen Körpertrainings entwickeln, dann wäre solch eine gewissermaßen aus gymnastischen Übungen gewonnene Stärke nicht durch geistige Stärke untermauert und hätte die Tendenz, in sich zusammenzufallen. Bei der Art von Stärke jedoch, über die wir hier reden, spricht man auch von einer aus eigener Kraft entstandenen Stärke, der Stärke der Furchtlosigkeit (*Jigme* auf Tibetisch).[2] Ohne Furcht zu sein bedeutet, über große Stärke zu verfügen. Verwirklichung von Furchtlosigkeit kennzeichnet den wahren Kampfsport.

Teil zwei

Der Weg der Furchtlosigkeit

Ein Krieger sollte in jeder seiner Handlungen zu einer kunstvollen Lebensführung fähig sein. Das beginnt beim Teetrinken, und es kann bis hin zur Lenkung der Geschicke eines Landes reichen. Wenn wir lernen, wie wir mit der Angst umgehen und von der eigenen wie auch der Angst unserer Mitmenschen vorteilhaften Gebrauch machen können, versetzt uns das in die Lage, das Bier der Furchtlosigkeit zu brauen. All diese Situationen von Angst und Zweifel kann man dann in ein riesengroßes Fass stecken und sie zum Gären bringen.

Der Weg der Furchtlosigkeit hat mit unserem Handeln jetzt im Augenblick zu tun, heute – nicht mit irgendetwas Theoretischem oder mit einem von anderer Stelle zu erwartenden Zeichen oder Hinweis. In jedem von uns ist Gutheit vorhanden. Auf diesen grundlegenden Bezugspunkt richtet sich Kriegerschaft aus. An und in sich selbst ist jeder von uns gut. In unserem Körper beherbergen wir also unsere eigene Kriegergesellschaft. Über alles für den Antritt dieser Reise Notwendige verfügen wir bereits.

9

Den Zweifel überwinden

Stellen wir zwischen den von alters her bestehenden spirituellen Überlieferungen des Ostens und des Westens eine Verbindung her, dann finden wir einen Berührungspunkt, an dem die Kriegertradition erlebt und verwirklicht werden kann. Das Dasein eines Kriegers zu führen, diese Vorstellung lässt sich auf ganz elementare Lebenssituationen beziehen – auf die Grundsituation, die existiert, bevor überhaupt Begriffe wie „gut" oder „schlecht" entstehen. Das Wort *Krieger* verweist auf die Grundsituation des Menschseins. Diese elementare Lebendigkeit, oder grundlegende Gutheit, ist das Herz des Kriegers. Solch ein furchtloses Gutsein ist frei von Zweifel und überwindet alle fehlgeleiteten Einstellungen zur Wirklichkeit.

Zunächst einmal gilt es jedoch den Zweifel zu überwinden, das erste Hindernis für die Furchtlosigkeit. Wir sprechen hier nicht etwa davon, dass Sie Ihre Zweifel an bestimmten Dingen, die geschehen, unterdrücken sollen. Ebenso wenig ist von denjenigen Zweifeln die Rede, die sich vielleicht angesichts der Frage in Ihnen regen, ob Sie dieser oder jener Organisation beitreten sollten. Hier geht es um die Überwindung eines weit grundlegenderen Zweifels, eines fundamentalen Zweifels an sich selbst, und des Gefühls, als Mensch Unzulänglichkeiten aufzuweisen. Sie haben nicht das Empfinden, dass Ihr Geist und Ihr Körper miteinander synchronisiert sind beziehungsweise in angemessener Weise zusammenwirken. Stattdessen macht Ihnen das Gefühl zu schaffen, irgendwo in Ihrem Leben dauernd übers Ohr gehauen zu werden.

In einer sehr frühen Lebensphase, wahrscheinlich im Alter von ungefähr zwei Jahren, haben Sie aus dem Mund Ihres Vaters oder Ihrer Mutter bestimmt das Wort „nein" gehört. Die Eltern haben solche Dinge zu Ihnen gesagt wie: „Nein, geh nicht da hinein." Oder: „Nein, sei nicht so neugierig." Oder: „Nein, halt die Klappe. Sei still." Als das Wort *nein* gefallen ist, haben Sie vermutlich versucht, jenem *Nein* nachzukommen, und sich bemüht, ein guter Junge oder ein gutes Mädel zu sein. Möglicherweise haben Sie stattdessen aber auch negativ reagiert, haben Ihren Eltern und deren *Nein* zuwidergehandelt, haben weiter herauszufinden versucht, welche Bewandtnis es mit jenen Dingen hatte, die Ihr Interesse erregten, und sind „böse" gewesen.

Solch eine Gemengelage – einerseits die Versuchung, unartig zu sein, andererseits der Wunsch nach Disziplin – lernen wir sehr früh im Leben kennen. Wenn unsere Eltern nein zu uns sagen, ist uns seltsam zumute in unserer Haut, und dies Gefühl wird zu einem Ausdruck von Angst.

Es gibt jedoch auch ein anders geartetes, ausgesprochen positives *Nein*. Dieses fundamentale *Nein* haben wir nie richtig vernommen: ein *Nein* frei von Angst und frei von Zweifel. Stattdessen haben wir, selbst wenn wir der Meinung sind, unser Bestmögliches im Leben zu tun, immer noch das Gefühl, nicht vollauf dem zu genügen, was wir eigentlich sein sollten. Wir haben das Gefühl, die Dinge nicht ganz richtig zu machen. Wir haben den Eindruck, unsere Eltern oder andere Menschen seien nicht einverstanden mit uns. Da besteht jener elementare Zweifel, jene elementare Angst: Schaffen wir es tatsächlich, etwas auf die Beine zu stellen?

Zweifel kommt auf im Kontext von Autorität, Disziplin und unserem terminlich straff organisierten Leben. Wenn wir uns unseren Zweifel nicht eingestehen, äußert er sich in Form von Widerstand und Groll. Auch wenn es darum geht, uns hinzusetzen, um zu meditieren, zeigt sich vielfach ein gewisser Groll, eine Gegenreaktion. In dem Moment, in dem der Gong ertönt, um den Beginn einer Meditationsphase zu signalisieren, regt sich Widerstand in uns. In der hier beschriebenen Situation stellen wir allerdings fest, dass es schon zu spät ist. Wir sitzen bereits auf dem Kissen. Daher führen wir dann gewöhnlich unsere Praxis fort.

Im Alltag bietet solch ein Widerstand uns freilich viele mögliche Ansatzpunkte, Situationen zu manipulieren. Werden wir mit einer Herausforderung konfrontiert, unternehmen wir, statt uns dieser zu stellen, häufig den Versuch, uns ihr zu entziehen. Alle nur erdenklichen Ausreden lassen wir uns einfallen, um den Anforderungen zu entgehen, denen wir uns ausgesetzt sehen.

Das fundamentale *Nein* hingegen akzeptiert Disziplin in unserem Leben, akzeptiert sie vollkommen vorurteilslos. Gemeinhin sprechen wir das Wort „Disziplin" mit reichlich gemischten Gefühlen aus. Ähnlich als würde man „Haferbrei" sagen. Manche Menschen mögen gekochte Getreideflocken, andere verabscheuen sie. Doch wie dem auch sei, Haferbrei bleibt Haferbrei, eine ganz simple, schnörkellose Angelegenheit. Mit Disziplin und der Bedeutung von *nein* tun wir uns gefühlsmäßig ähnlich schwer. Manchmal handelt es sich um ein negatives *Nein*. Es erlegt uns Einschränkungen auf, die wir nicht akzeptieren wollen. Aber es könnte sich auch um ein positives *Nein* handeln, das uns ermutigt, etwas Gesundes, etwas Heilsames zu tun. Wenn wir jedoch bloß das eine Wort hören, *nein*, ruft diese Botschaft in uns eine gemischte Resonanz hervor.

Furchtlosigkeit führt uns über eine derart begrenzte Sicht hinaus. Im *Herz-Sutra*, einer Kernunterweisung, die der Buddha erteilt hat, ist vom „Darüber-Hinausgehen" die Rede. „Darüber hinausgegangen", *gate* im Sanskrit, entspricht dem fundamentalen *Nein*. Kein Auge, heißt es in dem Sutra, kein Ohr, kein Klang, kein Geruch – nichts von all diesen Dingen ist vorhanden. Wenn Sie die Erfahrung von Ichlosigkeit machen, ist die Stabilität Ihres Lebens und Ihrer Wahrnehmungen nicht länger gegeben. Daran könnten Sie verzweifeln, oder es könnte, im Sinn von *Shunyata*, von Leerheit im buddhistischen Verständnis, eine sehr inspirierende Erfahrung für Sie sein. Hier handelt es sich schlicht und einfach um fundamentales *Nein*, um einen wirklichen Ausdruck von Furchtlosigkeit.

Aus buddhistischer Sicht ist Ichlosigkeit präexistierend. Sie existiert jenseits unserer festen, vorgefassten Vorstellungen. Im Zustand der Ichlosigkeit erweist sich alles als einfach und sehr klar. Sobald wir versuchen, die strahlende Helligkeit der Ichlosigkeit durch allerlei andere Dinge zu „vervollständigen", wird diese Strahlkraft durch solche blockierend und verschleiernd wirkenden Dinge verdunkelt.

Eine heilige Sichtweise ist in der Kriegertradition gleichbedeutend mit dem strahlenden Umfeld, das durch grundlegende Gutheit hervorgebracht wird. Wenn wir uns jedem Kontakt mit solch einem Seinszustand verweigern, uns von grundlegender Gutheit abkehren, entstehen irrige Auffassungen, falsche Sichtweisen, Missverständnisse. Und dann warten wir ein ums andere Mal mit allen erdenklichen Argumenten auf, um den Tatsachen dieser Welt, nicht ins Auge schauen zu müssen.

Unentwegt treffen wir solche Bedenken und Vorbehalte bei uns an: Uns voll und ganz auf die Dinge einzulassen, dazu sind wir nicht bereit, selbst in scheinbar belanglosen Situationen. Falls wir etwa nicht gleich nach dem Essen das Geschirr spülen wollen, reden wir uns womöglich ein, wir müssten das Geschirr erst einweichen lassen. Tatsächlich hoffen wir in den meisten Fällen, ein anderes Haushaltsmitglied werde uns den Abwasch ersparen.

Auf einer anderen Ebene, vom philosophischen Standpunkt aus betrachtet, haben wir womöglich das Gefühl, vollkommen auf die Welt des Kriegers eingestimmt zu sein. Aus dieser Perspektive meinen wir, ganz sicher sagen zu können: „Einmal ein Krieger, immer ein Krieger." Das klingt wirklich gut! Doch soweit es die eigentliche *Praxis* des Kriegerseins anbelangt, scheint es eine fragwürdige Aussage zu sein. „Einmal Krieger" braucht, falls wir der Schönheit der Erscheinungswelt keine Beachtung schenken, durchaus nicht zu bedeuten, dass wir immer Krieger sind. Lieber tragen wir eine Sonnenbrille, statt uns dem strahlenden Licht der Sonne auszusetzen. (Selbstredend meine ich das hier nicht im buchstäblichen Sinn, da es sehr wohl geboten sein kann, sich vor den schädlichen Sonnenstrahlen zu schützen.) Aus Furcht vor einem Sonnenbrand setzen wir uns einen Hut auf den Kopf, und wir streifen uns Handschuhe über, um uns vor der Sonne zu schützen. Unsere Beziehungen, die Hausarbeit, unsere geschäftlichen Unternehmungen, unsere ganze Lebensgrundlage, all das wird uns einfach zu bunt, zu irritierend. Dauernd versuchen wir, uns abzupolstern, damit wir uns nicht an den harten Ecken und Kanten der Welt stoßen. Genau das kennzeichnet im Grunde die falschen Sichtweisen. Solch ein Verhalten hindert uns daran, die Weisheit der großen östlichen Sonne zu erblicken – eine umfassendere Sicht der Dinge zu gewinnen, die weit über unsere kleine Welt hinausreicht.

Um Furchtlosigkeit auf ein Fundament zu stellen und damit die Grundlage für die Überwindung von Zweifeln und irrigen Auffassungen zu schaffen, müssen wir verzichten lernen. Mit Verzicht ist hier gemeint, dass wir jene ausgesprochen hartschalige und zählebige, sich jeder Freundlichkeit, die in unser Herz gelangen könnte, verwehrende Aggressionsmentalität überwinden. Aus schierer Angst gestatten wir uns nicht, von Grund auf lauter und liebevoll zu sein. Berührt hingegen Lauterkeit mit einem Anflug von Traurigkeit unser Herz, dann wissen wir, dass wir in Kontakt zur Wirklichkeit stehen. Das spüren wir. Dieser Kontakt ist natürlich und unverfälscht. Offen und vorbehaltlos lässt man sich dann auf die Situation ein. Solch eine Empfindsamkeit ist die Grunderfahrung der Kriegerschaft – und der Schlüssel zu furchtlosem Verzicht.

Zartfühlend und zugleich so offen und vorbehaltlos zu sein, das empfinden manche Menschen als bedrohlich, und sie finden es sehr anstrengend. Offenheit verlangt einem, wie es scheint, viel ab und zehrt an den Kräften. Darum verbergen sie ihr zartes Herz lieber. Mitunter kann es einen nervös machen, wenn man so verletzlich ist.

Sich derart real zu fühlen ruft Unbehagen hervor. Deshalb möchten Sie sich betäuben und sind auf Suche nach einer Art Betäubungsmittel: nach irgendetwas, das für Ihre Unterhaltung sorgt, Ihnen Zerstreuung bietet. Dann können Sie vergessen, wie unbehaglich die Wirklichkeit ist. Nicht einmal für fünfzehn Minuten wollen die Menschen mit ihrer grundlegenden Offenheit leben. Wer erklärt, sich zu langweilen, gibt damit in vielen Fällen zu verstehen, dass er nicht jene Leerheit verspüren möchte, die zugleich Ausdruck von Offenheit und Verletzlichkeit ist. Also greift man nach der nächst besten Zeitung oder Zeitschrift, oder man liest irgendwas anderes, das gerade im Zimmer herumliegt – und sei es, dass man sich die Produktbeschreibung auf einer Cornflakes- oder Müslipackung zu Gemüte führt, bloß um sich die Zeit zu vertreiben. Die Suche nach Unterhaltung als einer Art Babysitter für Ihre Langeweile wird schon bald als „Bequemlichkeit" legitimiert. In Wahrheit ist solche Faulheit freilich mit einer Menge Anstrengung verbunden: Dauernd müssen Sie Dinge ankurbeln, die gewährleisten, dass Sie beschäftigt sind, um es sich dann bequem machen und über Ihre Langeweile hinwegkommen zu können.

Furchtlosigkeit beinhaltet für den Krieger das Gegenteil eines derartigen Vorgehens. Furchtlosigkeit bedeutet, dass man *zu sein* lernt. Seien Sie die ganze Zeit präsent, seien Sie da. So lautet hier die Botschaft. In jener Welt, die wir als Sonnenuntergangswelt bezeichnen, stellt dies eine gehörige Herausforderung dar. Alles nur Erdenkliche dient uns in solch einer Welt der neurotischen Behaglichkeit und Gemütlichkeit dazu, die Leere des offenen Raumes zu füllen. Sogar unsere Emotionen setzen wir zum Zweck der eigenen Unterhaltung und Zerstreuung ein. Für einen Sekundenbruchteil sind Sie ja vielleicht richtiggehend wütend über etwas. Dann aber ziehen Sie Ihre Wut derart in die Länge, dass sie 25 Minuten lang andauert. Anschließend sorgen Sie für einen weiteren Anlass, über den Sie auch während der nächsten 20 Minuten noch wütend sein können. Gelegentlich, wenn Sie einen wirklich ausgewachsenen Wutanfall bekommen, kann sich das Ganze durchaus tagelang hinziehen. Selbst auf diese Weise können wir in der Sonnenuntergangswelt für die eigene Unterhaltung sorgen.

Das Gegenmittel gegen solch ein Vorgehen ist Verzicht. In den buddhistischen Unterweisungen wird Verzicht, oder Entsagung, im Allgemeinen mit einem Zustand assoziiert, in dem man Samsara, die Welt im Zustand der Verwirrung, als eine leidvolle Welt erlebt und von ihr angewidert ist. Für den Krieger indes hat Verzicht eine etwas andere Bedeutung. Für ihn beinhaltet Verzicht, dass man nicht länger bloß um der Zerstreuung willen das Vergnügen sucht beziehungsweise sich ihm nicht länger hingibt. Fortan pfeifen wir auf alle möglichen Beschäftigungen, die uns die diversen Babysitter in der Erscheinungswelt als Zeitvertreib anbieten.

Und schließlich beinhaltet Verzicht die Bereitschaft, mit den realen Aggressionssituationen in der Welt zu arbeiten. Wenn jemand Sie angreift, mit einem Akt der Aggression in Ihre Welt einbricht, müssen Sie darauf reagieren. Daran führt kein Weg vorbei. Hier bedeutet Verzicht: Man bringt die Bereitschaft auf, sich solch einer Situation in ihrer ganzen Intensität zu stellen, statt sie zu kaschieren und zu überspielen. Jeder fürchtet sich, darüber zu reden. Über dieses Thema zu sprechen mag ja schockierend sein. Dennoch kommen wir nicht umhin, mit diesen Aspekten der Welt umzugehen.

Eine Reaktion auf eine derartige Situation, in der wir attackiert werden, sei es durch eine verbale Attacke oder durch einen ganz handfesten Aggressionsakt, haben wir nie entwickelt. Die meisten Menschen scheuen sich sehr, über dieses Thema zu reden. Dabei verfügen wir über die Antworten auf die entsprechenden Fragen, und zwar in unserer Disziplin als Krieger: in der Art und Weise, wie wir agieren und wie wir in Erscheinung treten, beziehungsweise in unserem generellen Seinszustand.

In der Kriegertradition bringt man Furchtlosigkeit damit in Zusammenhang, dass Sie Ihr Dasein von Grund auf mit einer umfassenderen Sicht der Dinge verbinden – mit jener der großen östlichen Sonne. Damit eine Sicht von solcher Weite und Tiefe überhaupt für Sie erfahrbar wird, benötigen Sie eine wirkliche Verbindung zu grundlegender Gutheit. Den Schlüssel dazu liefert Ihnen die Überwindung des Zweifels und der falschen Sichtweisen. Der Zweifel ist Ihr persönliches, Ihr inneres Problem, an dem es zu arbeiten gilt. Darüber hinaus aber wird es vielleicht in der äußeren Welt einen Feind oder eine anderweitige Herausforderung geben. Wir dürfen nicht einfach so tun, als ob derartige Bedrohungen überhaupt nicht existierten. Gewiss, Sie könnten sagen, Ihre Faulheit sei eine Art

Feind. Freilich ist sie kein Feind im eigentlichen Sinn. Faulheit sollte man eher als ein Hindernis bezeichnen.

Doch wie sollen wir auf einen realen, in der Außenwelt auftauchenden Widersacher reagieren? Wie gehen Sie als Krieger damit um? Weder eine allgemein akzeptierte Logik noch eine pauschale Antwort bringt Sie hier weiter. Beides ist nicht sonderlich hilfreich.

Wie gehen Schüler im Allgemeinen mit Konfliktsituationen um? Ist man ihnen gegenüber sehr kritisch, dann haben sie meiner Erfahrung nach die Neigung, zu erstarren. Sie werden unkommunikativ, was der Situation nicht gerade förderlich ist. Als Krieger sollten wir nicht verkrampft und unkommunikativ sein. Grundlegendes Gutsein an den Tag zu legen fällt uns leicht, wenn jemand unsere Auffassung teilt. Und auch mit jemandem, der zumindest halbwegs Ihrer Meinung ist, können Sie ein Gespräch führen und sich dabei prächtig amüsieren. Falls die oder der Betreffende jedoch gereizt und negativ ist, erstarren Sie, geraten Sie in die Defensive. Und Sie beginnen Ihr Gegenüber zu attackieren.

Hier liegt allerdings ein Missverständnis vor. Einen Feind tötet man nicht, bevor er zum Feind wird. Dem Feind versetzt man erst dann einen Schwerthieb, wenn er zu einem hundertprozentig guten Feind wird und tatsächlich eine hundertprozentige Herausforderung darstellt. Fühlen Sie sich zu einem Menschen hingezogen, der an einer Liebesbeziehung mit Ihnen interessiert ist, dann machen Sie Liebe mit ihm. Aber Sie vergewaltigen ihn nicht. Dem liegt der gleiche Gedanke zugrunde.

Wenn ein Krieger den Feind töten muss, hat er ein ganz sanftes Herz. Dem Feind blickt er geradewegs ins Gesicht. Fest und unbeirrbar hält man dann das Schwert in der Hand. Liebevoll, mit einem Herzen voller Offenheit und Sanftmut, zweiteilt man ihn. Dem Feind einen Schwerthieb zu versetzen läuft an dem Punkt auf das Gleiche hinaus, als würde man mit ihm Liebe machen. Jener sehr starke, kraftvolle Schlag zeugt zugleich von einer wohlgesonnenen, verständnisvollen Haltung. Ein derart furchtloser Schwerthieb hat etwas Beängstigendes, finden Sie nicht? Mit solch einer Möglichkeit möchten wir lieber nicht konfrontiert werden.

Stehen wir freilich zur grundlegenden Gutheit in Kontakt, dann ist unsere Beziehung zur Welt stets unmittelbar, alternativlos, ganz gleich ob die Energie der Situation nach einer destruktiven oder nach einer konstruktiven Reaktion verlangt. Zu verzichten bedeutet, dass man sich auf alles, was einem begegnet, mit einer gewissen Traurigkeit und Berührbarkeit bezieht. Die aggressive, knallharte Straßenkämpfermentalität lehnen wir ab. Der neurotische innere Aufruhr, zu dem es kommt, wenn man sich gegen widerstreitende Emotionen, die *Kleshas*, zur Wehr setzt, geht auf Unwissenheit, auf *Avidya*, zurück. Hier haben wir es mit jener grundlegenden Unwissenheit zu tun, die jeder ichorientierten Aktivität zugrunde liegt. Solche Unwissenheit ist sehr barsch und will an *ihrer* Version der Dinge festhalten. Deshalb mutet sie ausgesprochen rechthaberisch an. Überwindung von Unwissenheit macht den Kern des Verzichts aus: Wir haben keine harten Kanten.

Kriegerschaft ist so empfindsam, liebevoll und zart, ohne Haut, unbedeckt, nackt und offen. Weich und sanft ist sie. Auf eine neue Rüstung verzichten Sie, und Sie lassen sich kein widerstandsfähiges „dickes Fell" wachsen, sondern sind bereit, sich der Welt mit entblößtem nacktem Fleisch, mit Mark und Bein auszusetzen.

All diese Überlegungen sind durchaus nicht nur metaphorisch gemeint. Wir sprechen hier darüber, was Sie tun, falls Sie tatsächlich den Feind aufschlitzen müssen, falls Sie sich in einem Zweikampf oder in einem Schwertkampf mit jemandem befinden – so wie man es in japanischen Samurai-Filmen sieht. Wir sollten nicht allzu feige sein. Ein Schwertkampf ist real, ebenso real wie der Liebesakt mit einem anderen Menschen. Wir sprechen hier über unmittelbare Erfahrung, daher psychologisieren wir nicht rum. Blicken Sie, bevor Sie den Feind aufschlitzen, ihr oder ihm in die Augen, und spüren Sie diese zarte Berührbarkeit! Dann stoßen Sie dem Feind das Schwert in den Leib. Wenn Sie ihn aufschlitzen, wird Ihr mitfühlendes Herz doppelt so groß. Es weitet sich ganz außerordentlich, wird zu einem großen Herzen. Deshalb können Sie den Feind aufschlitzen. Sofern Sie kleinmütig sind, ein kleines Herz haben, sind Sie gar nicht imstande, dies angemessen zu tun.

Den Feind zu bezwingen wird selbstverständlich in den meisten Fällen nicht beinhalten, dass Sie ihn zweiteilen müssen. Wahrscheinlich werden Sie ihn bloß total durcheinander bringen! Aber Sie müssen bereit sein, allen Möglichkeiten ins Auge zu schauen.

Hat der Krieger seine Offenheit, die eigene Berührbarkeit voll und ganz erfahren, bleibt da kein Raum mehr, die Situation zu manipulieren. Sie gehen einfach geradeaus und präsentieren vollkommen furchtlos die Wahrheit. Auf eine ganz geradlinige, grundlegende Weise können Sie sein, was Sie sind. Wenn Sie offen und liebevoll sind, führt das also zu Einfachheit und Natürlichkeit, fast bis zu einer gewissen Einfalt.

Wir wollen keine raffinierten und trickreichen Krieger werden, die jederzeit ein As aus dem Ärmel schütteln können und in der Lage sind, die Überlegungen unserer Mitmenschen zu widerlegen, falls wir mit ihnen nicht einer Meinung sind. Dann findet nämlich weder eine Kultivierung unserer selbst statt noch eine Kultivierung der anderen, und wir machen sämtliche Möglichkeiten für eine erleuchtete Gesellschaft zunichte. Tatsächlich wird es in solch einem Fall gar keine Gesellschaft geben, sondern lediglich einen Haufen Menschen, die tun und lassen, was ihnen gerade einfällt. Die furchtlosen Krieger von Shambhala sind ganz gewöhnliche, schlichte – wenn nicht gar einfältige – Krieger. Das ist der Ausgangspunkt für die Entwicklung wahren Mutes.

10

Was uns hilft, mutig zu sein

Der Weg zur Furchtlosigkeit beginnt mit der Entdeckung der Angst. Wir stellen fest, dass wir ängstlich und eingeschüchtert sind. Vor bestimmten Umständen haben wir eine geradezu panische Angst. Diese allenthalben vorhandene Nervosität dient uns als Sprungbrett, von dem aus wir mit einem großen Schritt, oder mit einem Sprung, über unsere Angst hinausgelangen können. Um die Grenze zwischen Feigheit und Mut überqueren zu können, müssen wir mit großer Entschlossenheit diesen einen Schritt tun. Geschieht das auf die richtige Art und Weise, dann wird auf der anderen Seite unserer Feigheit der Mut sichtbar.

Vielleicht werden wir diesen Mut nicht sofort entdecken. Stattdessen stellen wir fest, dass unter unserer Nervosität, noch ziemlich bebend, eine zarte Berührbarkeit vorhanden ist. Nach wie vor erbeben wir. Aber eine zarte Berührbarkeit, nicht Verwirrung, lässt uns nun erbeben. Dieser bebenden Verletzlichkeit wohnt ein Element von Traurigkeit inne, wenngleich nicht in dem Sinn, dass man ein schlechtes Gewissen hat oder sich benachteiligt vorkommt. Vielmehr verspüren wir eine natürliche Fülle, die etwas Fragiles hat und mit einem nahezu schmerzlichen Gefühl einhergeht.

Das ähnelt der Empfindung, die Sie haben, kurz bevor Sie eine Träne vergießen. In gewisser Weise fühlen Sie sich reich, weil Ihre Augen mit Tränen angefüllt sind. Ein Blinzeln genügt, schon rollen Ihnen Tränen die Wange hinunter. Ein Element von Einsamkeit ist ebenfalls mit im Spiel. Doch auch hier beruht dies Empfinden nicht etwa darauf, dass es Ihnen an etwas fehlt, Sie sich benachteiligt, unzulänglich oder zurückgewiesen fühlen. Vielmehr spüren Sie, dass einzig und allein Sie selbst begreifen können, was es in Wahrheit mit Ihrer Einsamkeit auf sich hat. Das fühlt sich ausgesprochen würdevoll und unabhängig an; Ihr Herz fließt über, Sie fühlen sich einsam, aber schlecht fühlen Sie sich dabei nicht.

Diesen Zustand könnte man mit einer Insel inmitten eines Sees vergleichen. Bei ihr haben wir es mit einem eigenen Stück Land zu tun. Umgeben von all dem Wasser, wirkt die Insel einsam und abgeschieden. Dann und wann setzen Pendler mit einer Fähre vom Seeufer zur Insel über; oder in Gegenrichtung wieder zurück an Land. In Bezug auf ihre einsame und abgeschiedene Lage bringt das im Grunde aber nicht die leiseste Verbesserung. Im Gegenteil, das einsame Dasein der Insel, ihr Für-sich-Sein, wird dadurch nur noch deutlicher sichtbar.

Diese Facetten der Furchtlosigkeit zu entdecken dient der Vorbereitung für die weitere Reise auf dem Weg des Kriegers. Würde der Krieger sich nicht einsam und traurig fühlen, könnte er allzu leicht korrumpierbar werden. Tatsächlich wäre die oder der Betreffende dann wahrscheinlich *gar kein* Krieger. Um ein guter Krieger zu sein, muss man sich einsam und traurig, zugleich allerdings auch unerschöpflich reich fühlen. Das macht den Krieger empfindsam für jeden Aspekt der Erscheinungswelt: für alles Sichtbare, für Gerüche, Tastempfindungen, Klänge und Geräusche. In dem Sinn ist der Krieger zugleich ein Künstler. Denn was immer sich abspielt auf der Welt, er weiß es zu würdigen. Große Lebendigkeit allenthalben: Das Rascheln oder Klappern Ihrer Rüstung ist deutlich vernehmbar, ebenso die zarten Regentropfen, die ganz sachte auf Ihren Mantel fallen. Der gelegentliche Flügelschlag eines Schmetterlings in Ihrer Nähe könnte fast schon einer Zumutung gleichkommen – derart fein und empfindsam wird Ihre Geräuschwahrnehmung.

Ein derart empfindsamer Krieger kann nun auf dem Weg der Furchtlosigkeit weiter voranschreiten. Im weiteren Verlauf seiner Reise greift der Krieger dabei auf drei Hilfsmittel, oder praktische Leitlinien, zurück. Als Erstes entwickelt er Disziplin, *Shila* im Sanskrit, hier durch die Sonne versinnbildlicht. Überallhin breitet der Sonnenschein sich aus. Taucht die Sonne das Land in ihr strahlendes Licht, dann spart sie keinen Bereich aus; sie leistet gründliche Arbeit. Genauso wenig vernachlässigen Sie als Krieger an irgendeiner Stelle Ihre Disziplin.

Wenn wir hier von Disziplin sprechen, meinen wir damit aber keine militärische Strenge. Vielmehr bewahren Sie sich – ungeachtet all Ihrer Eigenheiten – in jedem Aspekt Ihres Verhaltens große Offenheit für die Umgebung. Immerzu gehen Sie über das Eigene hinaus und öffnen sich für die Dinge in Ihrem Umfeld.

Von Faulheit keine Spur! Ein Krieger gibt niemals auf, mag auch dasjenige, was Sie sehen, hören oder mit den anderen Sinnen wahrnehmen, mit Schwierigkeiten verbunden sein und Ihnen einiges abverlangen. Sie lassen sich auf die Situation ein, entziehen sich ihr nicht. Das versetzt Sie in die Lage, frei von Angst Ihre Loyalität und Ihre Verbindung zu anderen Menschen zu entwickeln.

Zu anderen empfindenden Wesen, die, gefangen in der Welt der Verwirrung, selbst die Ursachen dafür schaffen, dass ihre leidvollen Erfahrungen sich weiter fortsetzen, können Sie einen Zugang finden. Mehr noch, für Sie besteht eine Verpflichtung dazu. Das wird Ihnen nun klar. Ihren Mitmenschen begegnen Sie mit Herzlichkeit und Mitgefühl, ja mit Leidenschaft. Zunächst kultivieren Sie einen guten Umgang mit sich selbst. Anschließend brauchen Sie keine Scheu zu haben, offen und vorbehaltlos auf Ihre Mitmenschen zuzugehen. Das kommt im Bild der Sonne zum Ausdruck.

Die zweite Leitlinie auf dem Weg des Kriegers wird mit einem Echo verglichen – einem Echo im Kontext von meditativem Gewahrsein, von *Samadhi*. Wenn Sie versuchen, sich eine Auszeit zu nehmen von Ihrem Kriegerdasein, wenn Sie in puncto Disziplin die Zügel schleifen lassen oder achtlos und bedenkenlos irgendeiner Aktivität nachgehen wollen, ruft Ihr Handeln gewissermaßen ein Echo hervor. Es ähnelt dem Echo, das von einem Geräusch in einer Schlucht hervorgerufen wird. Dieses wird wiederum von den Felswänden reflektiert und löst so weitere Echos aus, die ihrerseits einen Widerhall erzeugen. Solch ein Echo, oder Widerhall, entsteht immerzu. Schenken wir ihm Beachtung, dann erinnert das Echo uns unablässig daran, wach zu sein.

Anfangs mag diese Erinnerung, dieser Weckruf noch ziemlich verhalten klingen. Wenn der Weckruf dann aber zum zweiten, zum dritten und zum vierten Mal ertönt, hören Sie bereits ein erheblich lauteres Echo. Solche Echos erinnern Sie daran, voll und ganz präsent zu sein, an Ort und Stelle, punktgenau. Freilich sollten Sie nicht einfach nur darauf warten, dass ein Echo Sie aufweckt: Seien Sie mit Ihrem Gewahrsein voll bei der Sache, und bringen Sie es in die Situation ein. Das ist unerlässlich. Gewahr zu sein erfordert durchaus einen gewissen Energieaufwand.

Zu einem Krieger zu werden bedeutet, Sie stehen im Begriff eine Welt zu errichten, die Ihnen nicht diese entwürdigte und entwürdigende Sonnenuntergangsvorstellung von Erholung vermittelt: einer Erholung, die einzig und allein darauf hinausläuft, dass Sie sich Ihrer Verwirrung anheim geben. Manchmal geraten Sie in Versuchung, in diese Welt der Feigheit zurückzuverfallen. Sie wollen einfach nur rumhängen und das Echo Ihres Gewahrseins vergessen. Nicht derart hart an sich arbeiten zu müssen kommt einem nun wie eine riesengroße Erleichterung vor. Anschließend stellen Sie jedoch fest, wie abgestumpft und leblos die Welt ohne jedes Echo ist. Und die Rückkehr in die Welt des Kriegers erweist sich dann als wahrhaft erfrischend, weil es dort ungleich lebendiger zugeht.

Das dritte Hilfsmittel des Kriegers ist tatsächlich eine Waffe. Diese wird durch Pfeil und Bogen versinnbildlicht. Pfeil und Bogen bedeuten hier, dass wir Weisheit, *Prajna*, damit einhergehend aber auch hilfreiche Mittel, *Upaya*, entwickeln. Als Prajna bezeichnen wir die Weisheit des unterscheidenden Gewahrseins. Das heißt: Wir erleben die Schärfe und Klarheit unserer Sinneswahrnehmungen und entwickeln Genauigkeit in den psychischen Prozessen. Es handelt sich um ebenjene Qualität der natürlichen Intelligenz, über die wir – als die Sonne in Ihrem Kopf – bereits an anderer Stelle gesprochen haben. Hier schwingen Sie diese Intelligenz als eine Waffe des Gewahrseins.

Solch eine Klarheit und Schärfe können Sie allerdings erst entwickeln, wenn sich in Ihrem Geist zumindest bis zu einem gewissen Grad die Erfahrung von Ichlosigkeit manifestiert hat. Andernfalls wird der Geist voll und ganz vom eigenen Ego in Anspruch genommen sein. Sobald Sie jedoch zur grundlegenden Gutheit in Kontakt getreten sind, können Sie zu der tatsächlichen Schärfe des Pfeils ebenso eine Verbindung herstellen wie zu den hilfreichen Mitteln, die Ihnen der Bogen verfügbar macht. Durch den Bogen können Sie sich die Klarheit und Schärfe Ihrer Wahrnehmungen zunutze machen, sie in praktisches Handeln ummünzen.

Indem Sie diese Weisheit des unterscheidenden Gewahrseins entwickeln, vermögen Sie darüber hinaus treffsicher den Feind als solchen zu erkennen. Dieser fördert und propagiert ärgste Selbstsucht, das Ich. Genau das kennzeichnet einen wirklichen Feind. Anstelle grundlegender Gutheit begünstigt und fördert solch ein Feind also eher grundlegende Schlechtheit. Und andere versucht er, indem er sie mit allen möglichen Dingen in Versuchung führt, zu sich, in seinen Bereich, herüberzuziehen. Dabei kann die Versuchung von einem „Leckerchen“[3] bis zu einer Million Dollar reichen.

In der Tradition des Shambhala-Kriegers sagen wir, ein einziges Mal nur in tausend Jahren solle es dazu kommen, dass man einen Feind töten muss. Damit meinen wir den wirklichen Feind, das hier zugrunde liegende *Rudra*-Prinzip, die Personifikation der Selbstsucht, des außer Rand und Band geratenen Ich. Mit anderen Feinden lässt sich durchaus in der Weise arbeiten, dass man sie unterwirft oder beschwichtigt, mit ihnen spricht, sie für sich gewinnt oder das Problem mit Geld löst. Einmal in tausend Jahren kann man dieser Tradition zufolge jedoch vor der Notwendigkeit stehen, jenen ultimativen Feind tatsächlich umzubringen.

Wir sprechen hier über eine äußerst selten anzutreffende Situation, in der jemand für andere Mittel völlig unzugänglich bleibt. Ihr Handeln muss in solch einem Fall vollkommen frei sein von Aggression, und es darf weder durch Wut, Gier oder das Verlangen nach Rache beziehungsweise Vergeltung motiviert sein. Nur reines Mitgefühl kommt als Motivation in Betracht. Sie könnten zum Schwert greifen oder sich eines Pfeils bedienen – je nachdem, welches Mittel notwendig ist, den Feind so zu bezwingen, dass Sie sein aufgeblähtes Ich zum Platzen bringen. Solch ein Tötungsakt muss ganz unmittelbar und persönlich sein. Ganz anders als wenn etwa jemand auf Menschen Bomben abwirft. Indem wir den Feind töten – und nur dann –, ist er unter Umständen in der Lage, bis zu einem gewissen Grad mit dem grundlegenden Gutsein, das in ihm vorhanden ist, in Kontakt zu treten und zu erkennen, dass er einen riesengroßen Fehler begangen hat.

Stets aber versuchen Sie zunächst, andere Möglichkeiten zu finden, wie Sie der Situation abhelfen können. Manchmal gibt es allerdings keine Alternativen. Ähnlich als hätten Sie verfaulte Zähne im Mund. Letzten Endes müssen Sie sich dann alle Zähne ziehen und sie durch künstliche ersetzen lassen. Anschließend werden Sie den Wert der inzwischen verlorenen Zähne vielleicht besser zu schätzen wissen.

Kurzum, alle drei Prinzipien – die Sonne, das Echo, ferner Pfeil und Bogen – stehen in Verbindung zu dem natürlichen Prozess beziehungsweise dem mit ihm verbundenen Weg: Wir arbeiten mit unserer Intelligenz. Darüber hinaus beschreiben die drei Prinzipien die Grundregeln von Anstand und Schicklichkeit im Dasein des Kriegers. Ein Krieger sollte in jeder seiner Handlungen zu einer kunstvollen Lebensführung fähig sein. Das beginnt beim Teetrinken, und es kann bis hin zur Lenkung der Geschicke eines Landes reichen. Wenn wir lernen, wie wir mit der Angst umgehen und von der eigenen wie auch der Angst unserer Mitmenschen vorteilhaften Gebrauch machen können, versetzt uns das in die Lage, das Bier der Furchtlosigkeit zu brauen. All diese Situationen von Angst und Zweifel kann man dann in ein riesengroßes Fass stecken und sie zum Gären bringen.

Der Weg der Furchtlosigkeit hat mit unserem Handeln jetzt im Augenblick zu tun, heute – nicht mit irgendetwas Theoretischem oder mit einem von anderer Stelle zu erwartenden Zeichen oder Hinweis. In jedem von uns ist Gutheit vorhanden. Auf diesen grundlegenden Bezugspunkt richtet sich Kriegerschaft aus. An und in sich selbst ist jeder von uns gut. In unserem Körper beherbergen wir also unsere eigene Kriegergesellschaft. Über alles für den Antritt dieser Reise Notwendige verfügen wir bereits.

11

Unbedingte Furchtlosigkeit

Furchtlosigkeit hat einen Ausgangspunkt, sie beinhaltet Disziplin, sie legt einen Weg zurück, und sie führt zu einem Resultat. Man kann sie mit der großen östlichen Sonne vergleichen: Die Sonne geht auf, strahlt Licht und Wärme aus, und dadurch ist sie den Menschen von Nutzen. Denn sie vertreibt die Finsternis, lässt die Früchte zur Reife gelangen und die Blumen erblühen.

Die Verwirklichung von Furchtlosigkeit wird durch drei Analogien veranschaulicht. Furchtlosigkeit, so heißt es als Erstes, ist gleichbedeutend mit einem Grundstock des Vertrauens. Solches Vertrauen erwächst aus jener Erfahrung grundlegenden Gutseins, über die wir bereits gesprochen haben. Haben wir das Gefühl, grundlegend gut zu sein – und nicht grundlegend mit Mängeln behaftet oder verdammt –, dann entwickeln wir große Wissbegierde, schauen uns jede Situation eingehend an und untersuchen sie. Wir wollen uns nicht selbst zum Narren halten, indem wir uns lediglich aufs Glauben und Wünschen verlassen. Vielmehr suchen wir einen persönlichen Zugang zur Wirklichkeit.

Beim Grundstock des Vertrauens haben wir es mit einem ganz schlichten und unkomplizierten Gedanken zu tun. Wenn wir uns einer Herausforderung stellen und bestimmte Schritte unternehmen, um dies oder jenes zu erreichen, wird solch ein Prozess zu

Resultaten führen – zu einem Gelingen oder Misslingen. Sät man eine Saat aus oder pflanzt man einen Baum, wird entweder die Saat keimen beziehungsweise der Baum wachsen, oder sie werden eingehen. In diesem Sinn, darüber ist der wissbegierige Krieger sich im Klaren, heißt Vertrauen: Unsere Handlungen werden unweigerlich eine Reaktion der Wirklichkeit hervorrufen. Die Wirklichkeit wird uns etwas mitteilen, eine Rückmeldung geben, das wissen wir. Einem Fehlschlag können wir im Allgemeinen entnehmen, dass unser Handeln auf die eine oder andere Weise undiszipliniert und unpräzise war. Darum misslingt es. Ist unser Handeln hingegen vollkommen diszipliniert, erreicht die Handlung gewöhnlich ihr Ziel. Die Handlung gelingt, wir haben Erfolg. Weder fühlen wir uns durch solche Rückmeldungen jedoch abgestraft, noch betrachten wir sie als Bestätigung oder Bekräftigung.

Vertrauen zu haben bedeutet demnach: Man ist bereit, eine Chance zu nutzen. Und dies geschieht in dem Wissen, dass im Leben, wie es heißt, auf den Aufstieg unweigerlich stets ein Niedergang folgen wird. Ein Krieger, dessen Vertrauen in die Phänomene der Erscheinungswelt so beschaffen ist, kann auch seiner persönlichen Entdeckung des Gutseins vertrauen. Kommunikation führt zu Resultaten, entweder zu einem Gelingen oder zum Misslingen. So sieht die Beziehung des furchtlosen Kriegers zum Universum aus. Er bleibt nicht allein und unsicher, geht nicht in Deckung, in die Defensive, sondern setzt sich unablässig der Erscheinungswelt aus, stets bereit, besagte Chance zu ergreifen.

Bei dem Grundstock des Vertrauens handelt es sich um ein reiches Reservoir, aus dem der Krieger stets die eigenen Folgerungen ziehen kann. Allmählich spüren wir, dass wir es mit einer von Grund auf reichen Welt zu tun haben, mit einer Welt, die uns unablässig neue Rückmeldungen gibt.

Zu Problemen kommt es nur, wenn wir versuchen, die Situation zu unseren Gunsten zu manipulieren. Denn in diesem Grundstock, dem Vertrauensreservoir, sollen Sie weder fischen noch schwimmen. Das Reservoir muss unangetastet und ungetrübt bleiben, es muss seine Unbedingtheit behalten. Die eigene Bedingtheit, die einseitige persönliche Ausrichtung, bringen Sie dort also nicht mit hinein. Andernfalls könnte das Reservoir austrocknen, versiegen.

Normalerweise bedeutet Vertrauen, dass wir unsere Welt für vertrauenswürdig halten. Wir meinen, sie werde uns ein gutes Resultat erbringen – Gelingen und Erfolg. Hier in diesem Fall sprechen wir freilich davon, dass wir jederzeit eine Beziehung zur Erscheinungswelt haben, die weder auf einem guten noch auf einem schlechten Resultat beruht. Wir haben unbedingtes Vertrauen: Die Erscheinungswelt wird uns stets eine Rückmeldung im Sinn von Gelingen oder Misslingen geben. Darauf vertrauen wir. Das praktische Resultat, die Frucht unseres Handelns, hat für uns immer einen Informationsgehalt. Dem Reservoir dergestalt Vertrauen zu schenken hält uns davon ab, zu hochmütig oder zu schüchtern zu sein. Falls Sie zu hochmütig sind, werden Sie feststellen, dass Sie mit dem Kopf an die Zimmerdecke stoßen. Sind Sie hingegen zu schüchtern, werden Sie ziemlich unsanft mit dem Fußboden Bekanntschaft machen. So sieht im großen Ganzen die Vorstellung vom Reservoir aus.

Gelingen beinhaltet Misslingen, und Misslingen beinhaltet Gelingen, heißt es sinngemäß an zahlreichen Stellen des *I Ging*, dem aus dem alten China überlieferten *Buch der Wandlungen.* Der Erfolg sät die Saat künftigen Misserfolgs, und ein Fehlschlag kann die Geburtsstunde künftigen Erfolgs sein. Stets haben wir es also mit einem dynamischen Prozess zu tun. Für einen Krieger bedeutet Furchtlosigkeit nicht, dass wir mit heiterer Miene sagen können: „Schaut her! Ich bin auf der richtigen Seite, ich bin eine Erfolgsnummer." Ebenso wenig haben wir allerdings das Gefühl, abgestraft zu werden, eine „Quittung" zu erhalten, wenn uns etwas daneben geht. So oder so, Gelingen oder Misslingen sind im Grunde gleich viel wert.

Das führt uns zur nächsten Analogie, zur Musik. Mit ihr wird die Vorstellung von immerwährender Freude verknüpft. Die aus der Praxis des Kriegers sich ergebende Rückmeldung führt niemals in eine Sackgasse, sondern sie weist uns den weiteren Weg. Wir können jederzeit weitergehen, über das jeweilige Resultat hinausgehen. Das Resultat einer Handlung führt uns vor Augen, welche Früchte sie trägt. Darüber hinaus birgt das Resultat zugleich aber den Samen für den nächsten Abschnitt des Weges in sich. Ebenso, wie die vier Jahreszeiten aufeinander folgen, geht unsere Reise im Kreislauf von Gelingen und Misslingen, dem Weg und seinem Ertrag, immer weiter. Unablässig entfaltet neue Kreativität ihre Wirkung. Daher ist auf dieser Reise die Freude unser ständiger Begleiter, und das Resultat erfreut uns ebenfalls.

Doch was bereitet Ihnen solche Freude? Durch die Disziplin der Sonne, durch das Echo, ferner durch Pfeil und Bogen erhalten Sie auf dem Weg Ihre Anleitung. Das grundlegende Gutsein haben Sie erfahren können, und zu Ihrer Freude erleben Sie nun, dass es nichts gibt, woran Sie festhalten müssten. Die Bedeutung des fundamentalen *Nein* haben Sie erfasst, von Zweifel sind Sie frei, und wie sich Verzicht anfühlt, haben Sie erlebt.

Gleichgültig ob die jeweilige Situation für Sie nun auf ein Gelingen oder auf ein Misslingen hinausläuft – auf jeden Fall verhilft sie Ihnen zu einem unbedingt guten Verständnis. Und so sind Geist und Körper bei Ihnen jederzeit synchronisiert. Weder im Körper noch im Geist bestehen irgendwelche Defizite. Ihre Erfahrung gleicht einer Musik, die rhythmisch wie melodisch immer wieder durch neue kreative Impulse bereichert wird und auf diese Weise ständig einen schöpferischen Prozess durchläuft. Ungeachtet all des Auf und Ab im persönlichen Leben ist die freudvolle Stimmung, die Feierlaune, Ihr treuer Begleiter, ein fester Bestandteil Ihres Daseins. Das ist mit „immerwährender Freude“ gemeint.

Da Sie nun also Vertrauen und Wertschätzung entwickelt haben, sind Sie zu guter Letzt in der Lage, die Angst zu besiegen. Als Analogie für die Überwindung der Angst dient hier ein Sattel. Sie können, heißt es in den buddhistischen Unterweisungen, einen derart guten inneren Gleichgewichtssinn entwickeln, dass das Gewahrsein Ihnen, falls Sie achtlos werden, ganz von allein wieder zur ausgewogenen Balance der Achtsamkeit verhilft: ähnlich wie der Körper, sobald Sie auf eisigem Untergrund ausgleiten und das Gleichgewicht zu verlieren drohen, dieses automatisch zurückzugewinnen sucht, damit Sie nicht zu Fall kommen. Im Sattel sitzend können Sie, solange Sie eine gute Sitzposition und eine gute Haltung eingenommen haben, mit jeder unvorhergesehenen, jeder überraschend auftretenden Bewegung, die Ihr Pferd macht, leicht zurechtkommen. Die Vorstellung vom Sattel besagt demnach, dass man im Leben eine gute Sitzposition einnimmt.

Eine Überreaktion beziehungsweise eine übertriebene Reaktion auf Situationen sollte es auf dieser Stufe nicht mehr geben. Sie haben Vertrauen, sind froh, am Leben zu sein, und darum kann Sie auch nichts mehr erschrecken. Das bedeutet aber ganz und gar nicht, dass Sie nun ein eintöniges Dasein fristen. Vielmehr stehen Sie, so Ihr Gefühl, fest in dieser Welt, stehen mit beiden Beinen fest auf dem Boden. Hier gehören Sie hin. Sie sind einer der Krieger in dieser Welt. Selbst wenn sich also doch mal die eine oder andere unerwartete Kleinigkeit zutragen sollte, gut oder schlecht, richtig oder falsch, machen Sie keine große Geschichte daraus. Stattdessen setzen Sie sich wieder in den Sattel und wahren in der jeweiligen Situation Ihre Haltung.

Nichts kann einen Krieger durcheinanderbringen. Falls jemand auf Sie zukommt und sagt: „Auf der Stelle werde ich dich jetzt töten", sind Sie nicht überrascht. Und erklärt Ihnen jemand, er werde Ihnen eine Million Dollar geben, dann denken Sie: „Na und, was soll's?" Ihre Sitzposition im Sattel einzunehmen bedeutet auf dieser Stufe, Unergründlichkeit zu erreichen – in einem positiven Sinn.

Zugleich bedeutet es, dass Sie Ihren Platz auf der Erde einnehmen. Sobald Sie einen guten Platz auf der Erde innehaben, brauchen Sie keine Zeugen, die Sie bestätigen. Den Buddha hat einst jemand gefragt: „Woher sollen wir denn wissen, dass Ihr erleuchtet seid?" Mit einer Geste, die als die Mudra des Erdberührens bezeichnet wird, hat der Buddha daraufhin mit der einen Hand die Erde berührt und erklärt: „Die Erde ist mein Zeuge." Hier haben wir es mit der gleichen Vorstellung zu tun wie bei der Wahrung der Sitzhaltung im Sattel. Jemand könnte Sie fragen: „Woher sollen wir wissen, dass du auf diese Situation nicht überreagieren wirst?" Darauf können Sie antworten: „Schau dir einfach meine Haltung im Sattel an."

Innerhalb der Kriegertradition geht es bei der Furchtlosigkeit nicht darum, dass man lernt, sich in äußerster Paranoia zu üben.

Furchtlosigkeit beruht vielmehr auf der Schulung in äußerster Solidität – und diese besteht in grundlegender Gutheit.

Sie sollten lernen, majestätisch zu sein. Vertrauen lässt sich damit vergleichen, dass Sie ein guter Bürger werden. Den Weg durchs Leben zu feiern ist so, als würden Sie zu einem guten Minister in der Regierung. Ihre Sitzposition im Sattel zu wahren bedeutet freilich zu guter Letzt, dass Sie die Befehlsgewalt übernehmen. Dadurch wird man zum König oder zur Königin.

Die Überwindung der Angst beruht auch nicht darauf, dass Sie der eigenen Empfindsamkeit einen Riegel vorschieben. Ansonsten würden Sie zu einem taubstummen Monarchen werden, zu einem Medusenkönig beziehungsweise einer Medusenkönigin. Auf dem Pferd zu sitzen erfordert ein Gleichgewichtsgefühl, und indem Sie sich diese Balance im Sattel zu eigen machen, gewinnen Sie ein feineres Gewahrsein in Bezug auf das Pferd. Sitzen Sie fest im Sattel Ihres launischen Pferds, empfinden Sie also große Offenheit und Freundlichkeit. Sollten Sie sich hingegen aggressiv fühlen, so haben Sie keine gute Sitzhaltung eingenommen. Mehr noch, wahrscheinlich reiten Sie Ihr Pferd nicht einmal. Der Sattel ist indes nicht dazu da, dass man ihn über einen Fenstersims legt; Sie müssen schon ein richtiges Pferd satteln. „Ein Pferd reiten" ist in dem Fall gleichbedeutend mit „eines anderen Menschen Geist reiten". Das erfordert eine vollständige Verbindung, ein vorbehaltloses Arbeiten mit Ihrem Gegenüber. Die buddhistische Überlieferung spricht in diesem Zusammenhang von Mitgefühl.

In einer derartigen Situation sind Sie vollkommen preisgegeben. Andernfalls gleicht man einem in seine Rüstung eingepferchten mittelalterlichen Ritter. Die Rüstung ist so schwer, dass man ihn mit einer Winde auf sein Pferd hieven muss. Anschließend reitet er in die Schlacht, und dort stürzt er dann gewöhnlich vom Pferd. Mit solch einer Technologie stimmt doch etwas nicht.

Wenn uns jemand sagt, wir sollten keine Angst haben, entnehmen wir daraus im Allgemeinen, wir sollten uns keine Sorgen machen, alles werde schon in Ordnung kommen. Unbedingte Furchtlosigkeit beruht demgegenüber einfach darauf, dass wir hellwach sind.

Sobald Sie die Situation voll überschauen, ist die Furchtlosigkeit unbedingt, weil Sie sich weder auf der Seite des Gelingens noch auf jener des Misslingens bewegen. Beides, Gelingen *und* Misslingen, ist Ihr Weg.

Nichtsdestoweniger werden Sie auf dieser Reise mitunter vielleicht derart schockiert von etwas sein, dass Ihr ganzer Körper zu zittern beginnt – Zähne, Augen, Arme und Beine. Dann sitzen Sie kaum noch auf Ihrem Sitz, sondern vor lauter Angst schweben Sie praktisch. Aber selbst das noch wird als ein Ausdruck von Furchtlosigkeit angesehen, sofern Sie über eine elementare Verbindung zur Erde des grundlegenden Gutseins verfügen. Und dieses ist hier an dem Punkt gleichbedeutend mit unbedingtem Gutsein.

12

Himmel und Erde vereinen

Die Vereinigung von Himmel und Erde, unser nächstes Thema, ist bis zu einem gewissen Grad die natürliche Konsequenz der unterschiedlichen Ausprägungen von Disziplin, über die wir in den letzten drei Kapiteln gesprochen haben. Zugleich hat die Vereinigung von Himmel und Erde ihre eigene, auf unseren Weg insgesamt übertragbare Logik. In dem Fall steht dann der Himmel für unseren Geisteszustand, die Erde für den physischen Körper und für unsere Umwelt. Bilden Geist und Körper in angemessener Weise eine Einheit, hat man das Empfinden, Himmel und Erde miteinander zu vereinen. Das geht zunächst einmal auf die Sitzpraxis zurück, auf die Meditation. Uns hinzusetzen, um zur Ruhe zu kommen, ist unerlässlich. Neben einer Schulung des Geistes beinhaltet die Disziplin der Meditation zugleich eine Schulung des Körpers. In der Meditationsdisziplin nehmen wir stets eine aufrechte Sitzhaltung ein. Dies ist eine Qualität des Körpers. Mit Hilfe bestimmter Techniken und Methoden entwickeln wir in der Meditation außerdem eine Beziehung zu einer größeren Tiefe des Raums, machen die Erfahrung größerer Offenheit. Darin besteht die Arbeit mit dem Geist.

Ihrer Körperhaltung kommt, wenn Sie praktizieren, entscheidende Bedeutung zu. Was wir gewöhnlich als eine entspannte Position bezeichnen, ist in Wahrheit eine ziemlich stark gekrümmte, vorn übergebeugte Haltung. Während der Meditationspraxis sollten Sie zwar beileibe keine steife oder starre Haltung einnehmen, aufrecht aber muss sie sein. Sie sollten das Gefühl haben, dass die Wirbelsäule kerzengerade ist. Andererseits wollen Sie indes nicht so starr sein, dass Sie leblos wie eine Wachsfigur wirken. Die Schultern sollten sich ganz natürlich anfühlen. Unternehmen Sie, bevor Sie sich der eigentlichen Praxis widmen, zunächst einen kleinen Kontrollgang durch den Körper. Überprüfen Sie, wenn Sie sich zum Meditieren hinsetzen, zunächst die Wirbelsäule – von der Hüfte an aufwärts bis zu den Schultern. Überprüfen Sie anschließend die Schultern; und schließlich den Nacken. Ihre Sitzposition sollte stabil sein, die Haltung sollte sich aufrecht und präzise, nichtsdestoweniger jedoch entspannt anfühlen.

Sitzen sollten Sie wie ein König oder eine Königin auf dem Thron. So wird traditionell die Körperhaltung während der Meditation beschrieben. In dem Fall sprechen wir allerdings von einem erleuchteten Monarchen, einem Shambhala-Monarchen, nicht jedoch von einem alten König, dem der Kopf, während er auf dem Thron sitzt, unter der Last der Krone schwer geworden ist. Solch eine weltliche Königin beziehungsweise ein weltlicher König fühlt sich unwohl in der eigenen Haut und hofft, den Verpflichtungen des Tages möglichst bald Genüge getan zu haben. Im Unterschied dazu ist ein Shambhala-Monarch wirklich froh und glücklich, seinen Platz einzunehmen.

Sind Geist und Körper in Ihrem Lebensalltag und in Ihrer Meditationspraxis synchronisiert, bleibt für das Auftreten irgendwelcher Neurosen kaum eine Möglichkeit. Bilden Geist und Körper hingegen keine Einheit, bereitet dies den Neurosen, ja auch dem körperlichen Unwohlsein und Schmerz, einen Nährboden. Manchmal hat sich der Geist, während der Körper hier weilt, kilometerweit entfernt. Oder der Körper ist kilometerweit entfernt, der Geist jedoch hier.

Wir wollen lernen, ein richtiger Mensch zu sein – ein Krieger, mit anderen Worten! Das beschreibt den entscheidenden Punkt unserer Meditationspraxis. Bilden Geist und Körper eine Einheit, dann vereinen Sie den Himmel mit der Erde, und Sie können ein wahrer Krieger sein. Diese Qualität von Harmonie wird zu Furchtlosigkeit führen. Nichtsdestoweniger wird freilich auch solch eine Furchtlosigkeit dann und wann durch Momente der Furcht, Unsicherheit und Verwirrung unterbrochen werden.

Furchtlosigkeit geht aus Angst hervor. Diesem Gedanken liegt eine ganz schlichte Logik zugrunde. Zum Beispiel könnte man sich fragen, warum jemand duscht. Sie duschen, weil Sie sich unsauber fühlen. Wenn in Ihrem Kleiderschrank saubere Kleidung liegt, wird dies allein Sie nicht unbedingt unter die Dusche locken. Grundlegendes Gutsein gleicht, könnten wir also sagen, der frischen Kleidung in Ihrer Garderobe. Wie beruhigend, zu wissen, dass dort all diese sauberen Kleidungsstücke für Sie bereit liegen. Als Motivation für den Gang unter die Dusche reicht das jedoch nicht immer aus. Erst der Umstand, dass Sie sich unsauber fühlen, bewegt Sie dazu, tatsächlich unter die Dusche zu gehen. In gleicher Weise ist Angst der Ausgangspunkt für Furchtlosigkeit.

Furchtlos zu sein heißt zunächst einmal ganz einfach, weniger Furcht zu haben beziehungsweise mitzuerleben, wie Angst sich auflöst. Haben wir als Krieger Zweifel und Angst, dann gilt es, Geist und Körper wachzurütteln, damit sie wieder miteinander verbunden werden. Dadurch wird unser Geisteszustand deutlich furchtloser. Und zugleich spiegelt sich das auf der körperlichen Ebene wider. So können wir unsere grundlegende Gutheit anerkennen.

Auf der ersten Stufe beinhaltet Furchtlosigkeit ein Gefühl von Freude und Entspannung, oder von Wohlbefinden. Wenn Sie einfach Sie selbst sind, erwächst aus solch einem Gutsein ein erhebendes, Ihnen Auftrieb gebendes Empfinden, das durchaus nicht sonderlich weihevoll oder religiös ist. Sich solch einer guten Gesundheit zu erfreuen, in solch einer guten Haltung dazusitzen und zu erleben, dass Sie quicklebendig sind, dass Sie präsent sind, hier sind – das stimmt Sie einfach froh. An all der Farbenvielfalt finden Sie nun Gefallen, ebenso an der Lufttemperatur. Auch an all den Düften und Klängen erfreuen Sie sich. Mit Hilfe Ihrer Augen, Ihrer Ohren, Ihrer Nase und Ihrer Zunge beginnen Sie jetzt, die Welt wahrhaft zu erkunden.

Nie zuvor haben Sie ein derart durchdringendes Rot gesehen. Zum ersten Mal erblicken Sie ein so wunderschön kühles Blau. Zum ersten Mal sehen Sie solch ein warmes und anmutiges Gelb, ein so erfrischendes, erdiges und feuchtes Grün; ein so makellos reines Weiß. Das ist, als ob Sie den Mund öffneten und gleichzeitig ausatmeten. Zum ersten Mal gewahren Sie solch ein wunderschönes Schwarz, das derart Vertrauen erweckend anmutet, dass Sie beinahe darauf schlafen könnten. Sein Schimmer lässt Sie an das Streicheln eines Rappen denken.

Entsprechend können wir das auf alle anderen Sinneswahrnehmungen übertragen: auf die Wahrnehmung von Klang, Geruch, Geschmack und Berührung. Alles verbindet sich mit einem Empfinden von Wertschätzung. Welch eine wundervolle Welt! Welch eine schöne Welt! Wie ausgefallen und exotisch, wie fabelhaft die Welt doch ist! Vielleicht halten Sie die Welt für eine selbstverständliche Gegebenheit. Beim zweiten Hinschauen werden Sie indes feststellen, dass Ihrer Wahrnehmung enorme Schönheit und Subtilität innewohnen. Sie beginnen sich nun fast so zu fühlen, als seien Sie neu geboren beziehungsweise erst jetzt wahrhaftig geboren worden. Solches Wohlgefallen, solche Wertschätzung!

Die innere Qualität, die Anständigkeit des Kriegers lässt sich auf dieses grundlegende, von neurotischen oder anderweitig vorgeprägten Gewohnheiten freie Wohlbefinden zurückführen. Die Anständigkeit des Kriegers wird hier zum Ausdruck von Freude – der Freude, am Leben zu sein. Der Krieger ist lebendig, daran erfreut er sich. Furchtlosigkeit bedeutet also nicht nur, dass der Krieger lediglich die Angst überwunden hat. Wenn wir von Furchtlosigkeit sprechen, bezeichnet dies darüber hinaus einen positiven Daseinszustand voller Freude und Fröhlichkeit, der unsere Augen leuchten lässt und in dem wir eine gute Körperhaltung haben.

Von äußeren Umständen hängt solch ein Seinszustand nicht ab. Sollten Sie die Stromrechnung nicht bezahlen können, werden Sie vielleicht für eine Weile im Haus über kein warmes Wasser verfügen. Obendrein ist das Gebäude, in dem Sie leben, womöglich unzulänglich isoliert. Und falls Sie keine sanitären Einrichtungen im

Haus haben, müssen Sie halt eine Außentoilette benutzen. Millionen Menschen weltweit leben so. Sofern Sie sich aufrichten, im Kopf und in den Schultern eine gute Haltung einnehmen können, werden Sie ungeachtet Ihrer momentanen Lebenssituation Freude empfinden. Und zwar beileibe keine auf irgendeine Weise billige Freude. Hier geht es um persönliche Würde. Solch eine Erfahrung von Freude und unbedingter Gesundheit ist die innere Qualität, die daraus erwächst, dass wir tatsächlich sind, was wir sind. Jetzt in diesem Augenblick. Diese natürliche Gesundheit und Gutheit können Sie nur selbst erfahren – nur Sie persönlich.

Praktizieren Sie Meditation, so wird diese für Sie zum Einstieg in solch eine Erfahrung. Wenn Sie anschließend aus der Meditationshalle hinausgehen und zur übrigen Realität in Beziehung treten, werden Sie selbst dahinter kommen, welche Art von Freude notwendig und welche Art von Freude überflüssig ist. Die Erfahrung von Freude mag vielleicht eine momentane Erfahrung sein, oder aber lange Zeit andauern. In jedem Fall ist diese Freude ein echter Augenöffner. Sie scheuen sich nicht länger, den Blick auf die Welt zu richten. Außerdem stellen Sie fest: Für die Freude der Kriegerschaft besteht immer Bedarf.

Inmitten der Freude wird möglicherweise Ihre Erinnerung an die Angst wieder auftauchen. Allerdings sind Sie inzwischen durchaus in der Lage, jenen furchtsamen Geisteszustand – worauf auch immer er zurückzuführen sein mag – zu reiten. Das kennzeichnet also die zweite Stufe der Furchtlosigkeit: Man ist in der Lage, zum eigenen Geist in eine angemessene Beziehung zu treten. Man vermag ihn, anders ausgedrückt, richtig zu reiten. Den eigenen Geist schließlich in jede von Ihnen gewünschte Richtung, in jeden Bereich, den Sie erkunden und wahrnehmen wollen, lenken zu können, darin besteht die letzte Stufe der Furchtlosigkeit.

Furchtlosigkeit hat kein bisschen Ähnlichkeit mit einem in einen Käfig eingesperrten wilden Tiger oder Braunbären, der jedes Mal knurrt, wenn Sie die Tür öffnen. So kraftvoll die Furchtlosigkeit auch ist, beinhaltet sie zugleich Freundlichkeit, ständige Einsamkeit und Traurigkeit. Weisheit und Rücksichtnahme auf andere gehören ebenfalls zur Furchtlosigkeit. Je furchtloser Sie sind, umso zugänglicher für andere, umso liebenswürdiger und rücksichtsvoller werden Sie, und umso stärker fühlen Sie sich Ihren Mitmenschen verbunden. Im gleichen Maß, in dem die Furchtlosigkeit sich entwickelt, werden Sie auch zugänglicher und verletzlicher. Eben darum gehören zu Furchtlosigkeit stets Traurigkeit und Freundlichkeit.

Die Freude der Furchtlosigkeit führt zu Traurigkeit. Freude bleibt nicht für sich. Andernfalls würde mit ihr etwas nicht stimmen, gäbe sie lediglich ein Zerrbild von Freude ab. Wirkliche Furchtlosigkeit gleicht einem Gemisch aus Süß und Sauer. Freudvolle Traurigkeit erinnert an den herrlich melodischen Ton einer Flöte. Ein faszinierender Klang – ohne jedes Begleitinstrument zieht er den Geist in seinen Bann. Die Melodie einer unbegleiteten Flöte lässt tief in Ihnen ein Echo von Leerheit anklingen.

Solche Einsamkeit hat beinah eine romantische Note, als wären Sie verliebt. Sie könnten, dieser Gedanke kommt Ihnen, sich durchaus verlieben. In wen, das wissen Sie freilich nicht. Sie sind verliebt, ohne ein bestimmtes Objekt im Sinn zu haben. Solch eine Traurigkeit hat etwas ganz Sanftes, ganz Zartes, ist keine trübselige Traurigkeit; traurig fühlt sie sich an, weil sie zart und anpassungsfähig ist.

In diesem Zustand bäumt Ihr Geist sich nicht auf wie ein unbändiges junges Pferd. Ihr Geist fließt wie ein sachte dahinströmendes Bächlein. Bloß einen einzigen Bach gibt es in jedem Tal, darum ist der Bach mutterseelenallein und murmelt, während er über das Felsgestein dahin rinnt, geschwätzig vor sich hin. Solch eine Art von Traurigkeit und sachter Zartheit oder Freundlichkeit ist gleichbedeutend mit jener Kriegerschaft und Furchtlosigkeit, die das Leben so lebenswert machen.

Diese Erfahrung bringt es mit sich, dass Sie an der Welt stärker Anteil nehmen. Nicht zuletzt gilt diese Anteilnahme der Welt der untergehenden Sonne. Die Traurigkeit, die Sie erleben, das Entzücken und die Freude, die Sie empfinden, ermutigen Sie, andere an Ihren Erfahrungen teilhaben zu lassen. Sie möchten sie in diese Art des Wahrnehmens gern mit einbeziehen. Sie möchten mit Ihren Mitmenschen zusammenarbeiten und sie nach Kräften unterstützen. Samsara, das im Zustand der Verwirrung befindliche Dasein, sollte keinesfalls als etwas angesehen werden, das es zu attackieren gilt. Ebenso wenig betrachten wir Verwirrung als eine Art Krankheit, zu der wir Distanz wahren müssten. Selbstverständlich kann es zwar, sofern Sie nicht ausgesprochen stark sind, angebracht sein, sich von allzu verwirrten und verwirrenden Erfahrungen eine Zeit lang fernzuhalten, damit Sie nicht übermäßig unter den Einfluss von Neurosen der Sonnenuntergangswelt geraten. Haben die Traurigkeit und Furchtlosigkeit jedoch entsprechend an Kraft gewonnen und sind sie gefestigt, sollten Sie sich genau anschauen, wie die Menschen in der Welt der untergehenden Sonne sich verhalten.

Wer zur Erfahrung der großen östlichen Sonne Zugang gefunden hat, ist stets freundlich und furchtlos. Diejenigen hingegen, die noch in der Sonnenuntergangswelt feststecken, sind aggressiv und furchtsam. Wann immer echte Traurigkeit in ihrem Geist aufkommen will, versuchen sie, die aufkommende Traurigkeit zu unterbinden. Um den Gefühlen von Traurigkeit und Leere etwas entgegenzusetzen, suchen die Menschen nach Unterhaltung, die ihnen Zerstreuung bringt. Diese Welt der Unterhaltung ist darauf angelegt, Sie vergessen zu machen, wer Sie sind und wo Sie sind. Nach Art der Sonnenuntergangsmentalität seinen Spaß zu haben dient dazu, die lautere Traurigkeit vergessen zu machen, um stattdessen aggressiv und „fröhlich" zu sein.

Tatsächlich erlebt man so jedoch weder wirkliches Glück noch wirkliches Vergnügen. Vielmehr vergessen Sie, dass Sie existieren und dass es die Möglichkeit, Geist und Körper zu synchronisieren, überhaupt gibt. Solch eine Glücksvorstellung setzt eine komplette Trennung von Geist und Körper voraus. Sie tun Ihr Bestes, diese Trennung zu vollziehen, indem Ihr Geist verfolgt, welches Geschehen sich gerade auf dem Fernsehbildschirm abspielt, während Ihr Körper sich auf den Sessel oder das Sofa hingepflanzt hat. Etwas Magischeres als das findet sich im Grunde nicht in der Sonnenuntergangswelt. Alle möglichen Spielarten von Unterhaltung sind entwickelt worden, damit Ihr Geist vom Körper getrennt bleibt. Das damit verfolgte Ziel läuft der Vereinigung von Himmel und Erde diametral entgegen. Himmel und Erde zu vereinen heißt: *nicht* dieses und jenes voneinander trennen. Im Gegenteil bedeutet es, sie unteilbar und untrennbar zu machen. Solch eine Einheit oder Harmonie ist „es" oder „Das", mit einem großen *D* am Anfang und ohne irgendeine nähere Bestimmung.

Gewöhnlich tun sich die Menschen ziemlich schwer im Umgang mit der Welt. Solche Schwierigkeiten manifestieren sich in Form von Leidenschaft, Aggression und Unwissenheit. Schwierigkeiten dieser Art bedeuten, dass die oder der Betreffende momentan ganz und gar nicht imstande ist, Himmel und Erde miteinander zu vereinen. Nichtsdestoweniger kommt der Arbeit mit anderen Menschen, ungeachtet ihrer jeweiligen Einstellung, ein hoher Stellenwert zu. Und das Vorgehen des mit der Sonnenuntergangswelt arbeitenden Kriegers erinnert an ein flussabwärts treibendes Herbstblatt. Weder verändert es seine Farbe, noch widersetzt es sich dem Fluss. Vielmehr folgt es einfach seinem Lauf. Das ruft auf ganz natürliche Weise eine Wirkung hervor. Denn nie zuvor hat der Bach oder der Fluss ein solches Herbstblatt mit sich getragen. Die Sonnenuntergangswelt wird verunsichert sein und nicht recht wissen, was sie mit diesem Blatt eigentlich anfangen soll. Schon Ihr bloßes Dasein gibt Ihren Mitmenschen also zu denken, ganz von allein.

Die Menschen sind überrascht, wenn Sie nicht auf sie reagieren. Attackiert Sie jemand, dann setzen Sie nicht zum Gegenangriff an. Stattdessen bleiben Sie, was immer die Betreffenden auch tun, einfach wie ein Herbstblatt. Dies kennzeichnet die freundliche, sanfte Vorgehensweise. Das Erscheinungsbild eines kleinen Bachlaufs wird sich komplett verändern, sobald er Hunderttausende Herbstblätter mit sich führt. Die in der Sonnenuntergangswelt lebenden Menschen stehen dann selbst recht dumm da und kommen gar nicht umhin, sich Gedanken zu machen. Vielleicht werden sie ein Lächeln aufsetzen und so tun, als fänden sie das alles zum Lachen. Hinter einem solchermaßen nach außen vermittelten Eindruck aber vergießen sie in Wahrheit Tränen.

Demnach hat ein Herbstblatt, wie Sie sehen, großen Einfluss auf die Welt der untergehenden Sonne. Solche kleinen Blätter könnten durchaus den Fluss des Wassers ganz versiegen lassen. Sofern nur genügend viele kraftvolle Herbstblätter vorhanden sind, besteht solch eine Möglichkeit. In der Vergangenheit ist das so schon in die Tat umgesetzt worden.

Arbeitet man auf diese Weise mit anderen, versetzt einen das zugleich in die Lage, an sich selbst zu arbeiten. Unsere Wertschätzung der Welt bleibt dabei stets unvermindert hoch. Wenn Sie frühmorgens die Augen öffnen, sagen Sie nicht: „O je, schon wieder ein neuer Tag. Er wird mir erneut Schmerz und weiteres Leid bringen." Als Erstes hören Sie, wie auf Ihrem Bett die Laken rascheln. Sie spüren, wie Ihr Haar auf dem Kissen liegt – sofern Sie noch Haare auf dem Kopf haben. Und indem Sie beginnen, sich umzuschauen, fällt Ihr Blick auf die Wände des Schlafzimmers. Sogleich stellt sich Entzücken ein, vom ersten Moment des Aufwachens an: ein Gefühl von Schönheit und Sinnlichkeit, fast als befänden Sie sich in einem Königspalast. Sie denken daran, was Sie zum Frühstück essen und wie Sie sich an diesem Tag kleiden werden.

Jede Entscheidung wird zum Element eines Festes statt zu einer bloßen Unannehmlichkeit. Sie fühlen sich als ganzer Mensch, haben nicht das Gefühl, immer noch Ihre Nabelschnur mit durchs Leben zu schleppen. Vielmehr sind Sie ein gesunder, ein ganzer, ein unabhängiger Mensch.

Derartige Qualitäten von Festlichkeit, Würde und Gutheit verleihen Ihrem Leben einen fast schon andächtigen Charakter. Von diesem Ausgangspunkt aus entdecken Sie in Ihrem Leben das Prinzip des Herrschers – die Tatsache, dass Sie König oder Königin Ihres eigenen Lebens sind.

Der König oder die Königin der großen östlichen Sonne sitzt auf dem Thron des tatkräftigen Strebens und trägt die Krone der Geduld. Ein Sonnenuntergangskönig dagegen würde, für sich allein, auf einem Thron der Faulheit sitzen und dabei die Krone der Aggression und der Autorität tragen. Der Herrscher der großen östlichen Sonne hält das Zepter der Gnade und der Wahrhaftigkeit. Im Unterschied dazu trägt der Sonnenuntergangsherrscher das Zepter von Täuschung und Falschheit.

Es gibt zweierlei Herrschaftssituationen. Einerseits eine persönliche: Man ist Herr über den eigenen Haushalt. Gemeinsam mit Ihrer Partnerin beziehungsweise Ihrem Partner, Ihren Freunden, Zimmerkolleginnen oder -kollegen könnten Sie solch ein Königreich errichten. Darüber hinaus gibt es freilich eine umfassendere Vision einer erleuchteten Gesellschaft. In ihr wird das ganze Land, wenn nicht gar der gesamte Erdkreis, auf Grundlage der Vereinigung von Himmel und Erde regiert.

Der Herrscher der großen östlichen Sonne betrachtet die Welt, das gesamte Universum, aus einer panoramischen Sicht. Er oder sie sieht, was getan, was bezwungen, was überwunden, was zerstört, was gehegt und kultiviert werden muss. Wenn Sie Himmel und Erde vereinen, erleben Sie allumfassende Einheit – Sie erleben *Das* in einem totalen, völlig unerschütterlichen Sinn. Zu einer Beeinträchtigung durch eine wie auch immer geartete Feigheit kann es dann nicht mehr kommen. Sie sind da, voll und ganz da. Sie reiten Ihren Geist. Der Reiter und das Gerittene sind dabei ein und dasselbe. Aus einem Stück. Dies ist die vollkommene Synchronisierung von Körper und Geist.

13

Mit der Angst Freundschaft schließen

Wie können wir anderen durch die Vereinigung von Himmel und Erde nützlich sein, uns zugleich die eigenen Wünsche erfüllen und eine vollendete Vorstellung von Kriegerschaft entwickeln? – Das erörtern wir. Da Sie ein Krieger sind, findet die Erfüllung Ihrer Wünsche in einem Zusammenhang statt, in dem Sie anderen keinen Schaden zufügen und sie nicht ausnutzen. Ebenso wenig werden Sie zur Ursache von Leid, weder für sich selbst noch für andere. Die aus Furchtlosigkeit hervorgehende innere Qualität des Kriegers, seine Anständigkeit, haben wir bereits erörtert. Ferner sind wir der Frage nachgegangen, wie diese Grundqualität Sie in die Lage versetzt, Ihrer Umgebung mit Wertschätzung zu begegnen. Des Weiteren haben wir über die Möglichkeit gesprochen, unseren natürlichen Grundimpuls zu unbedingtem Gutsein zu wecken. In einem herkömmlichen Sinn ist solches Gutsein weder gut noch schlecht. Es beruht auf der Wiedererweckung der elementaren Natur, die Ihnen innewohnt.

Auf welche Weise grundlegende Gutheit zum Ausdruck kommt, ist unser nächstes Thema. Im Tibetischen heißt dieses Prinzip *Ashe* (gesprochen: Ah-schee). *A* bedeutet „erste/r", „ursprüngliche/r" oder „uranfängliche/r". Die zweite Silbe, *she*, bedeutet „Strich",

„Streich" oder „Lebensenergie". Ashe ist demzufolge der initiale Lebensimpuls, die ursprüngliche Lebensenergie. Es kann auch einfach „Kraft" oder „Energiereservoir" heißen. Solch eine Energie wird nicht von einer äußeren Instanz verliehen. Vielmehr handelt es sich um – eine von Natur aus vorhandene – wiedererweckte beziehungsweise wiedererwachte Energie. Feuer verfügt über eine ihm eigene Energie. Wind verfügt über eine ihm eigene Energie. Erde verfügt über eine ihr eigene Energie. Raum verfügt über eine ihm eigene Energie. Solch eine Energie hat weder Anfang noch Ende. Und solch eine Energie existiert, untrennbar von der grundlegenden Gutheit, in Ihnen, individuell.

Von Ashe wird mitunter so gesprochen, als handele es sich um eine Rasierklinge. Grundlegende Gutheit darf nicht zu naiv sein: sie hat ihre eigene Stärke – sie besteht in der Qualität, scharf wie eine Rasierklinge durch unnütze Neurosen hindurchzugehen.

Wenn Sie ein Kind großziehen und dieses Kind lieben, müssen Sie bisweilen Strenge walten lassen. Manchmal sagen Sie ja zu ihm, manchmal sagen Sie nein. Generell sind Sie bestrebt, zu Ihrem Kind gut zu sein. Entsprechend manifestiert das Ashe-Prinzip seine Gutheit durch seine Stärke und durch seine alles durchdringende Schärfe. Durch sie gelangen wir zu einer klaren, präzisen und durch nichts begrenzten Sicht der Dinge.

Die Stärke der grundlegenden Gutheit ermöglicht es uns, so gut zu sein, wie wir sind. Auch im Angesicht aller erdenklichen Angriffe auf dieses Gutsein. Eines der großartigsten Beispiele für die dem grundlegenden Gutsein innewohnende Kraft und Stärke ist die Erfahrung, die der Buddha zum Zeitpunkt der Erleuchtung gemacht hat. Just im Augenblick seiner Erleuchtung haben negative Kräfte in großer Zahl den Buddha attackiert. Er aber verweilte, davon völlig unberührt, in einem Zustand inneren Friedens. *A* bezeichnet diese fundamentale, allem zugrunde liegende Offenheit, den keiner Störung und keiner Erschütterung zugänglichen friedvollen Raum. Diese Offenheit wird mit dem kraftvollen Strich von *she*, mit seiner Energie vereint. Alles zusammen genommen, ist Ashe also das kraftvolle Dasein, das aus grundlegender Gutheit hervorgeht.

Das Ashe-Prinzip hat relative und absolute Aspekte. Relatives Ashe hängt mit dem Grundprinzip der Furchtlosigkeit zusammen. Um Furchtlosigkeit zu verstehen, muss man, wie wir gesehen haben, zunächst begreifen, was Angst ist. Angst ist ein bangendes, bebendes, unsicheres Gefühl – im Grunde die Angst davor, nicht zu existieren.

Manchmal äußert Angst sich in totaler Feigheit. Wenn Sie Angst haben, würden Sie sich vielleicht am liebsten bei jemandem auf den Schoß setzen oder sich sogar in einem Müllhaufen verkriechen, denn wenigstens sind Sie dort von wohliger Wärme und einem muffigen Geruch umgeben. Unter Umständen sind Sie manchmal derart verschreckt und verstört, dass Sie nicht einmal weinen können und Ihnen auch nicht das leiseste Fünkchen Humor bleibt. Sie verlieren Ihre gute Haltung. Gekrümmt und vorgebeugt wie ein Tier hocken Sie da. All jene Bezugspunkte, die Ihrem Dasein normalerweise Halt geben, verschwinden. Eine – eindeutig negativ zu verstehende – innere Leere befällt Sie. Die Eigenschaft eines Monarchen oder Herrschers, über die wir im vorigen Kapitel gesprochen haben, kommt Ihnen völlig abhanden.

Solch eine Angst stellt nicht unbedingt ein Problem dar. Eher gleicht sie einem starken Niesreiz: Wie dieser taucht sie auf und verschwindet dann wieder. Freilich sollten Sie Ihre Angst eingehend untersuchen. Das ist ganz wichtig. Die eigene Angst zur Kenntnis zu nehmen sollte Ihnen keine Probleme bereiten. Denn sie ist gar zu offenkundig und leicht wahrnehmbar. Haben Sie Schwierigkeiten, sich an einer Chrysantheme oder am Sonnenschein zu erfreuen, dann ist das ein Anzeichen von Angst. Durchaus möglich, dass Sie vor lauter Angst Ihren Sinn für Humor und Ihre Wertschätzung für das Dasein verlieren, an den Dingen keinen rechten Gefallen mehr finden und sich vielleicht der Klarheit und Lebendigkeit Ihrer Wahrnehmungen verschließen. Tatsächlich sollten Sie jedoch erkennen können, wie lebendig die Erscheinungswelt ist. Falls Sie nicht in der Lage sind, diese Lebendigkeit zu sehen, sollten Sie unbedingt genügend Achtsamkeit und Gewahrsein entwickeln, um mit Ihrer Angst arbeiten zu können. Untersuchen Sie genau, wie die Angst entsteht, wie sie sich manifestiert und ihre Ausprägung findet. Je besser Sie Ihre Angst zu begreifen lernen, umso mehr wird Ihnen klar, dass sie eigentlich viel eher ein großer Witz und kein großes Problem ist.

Versuchen Sie jetzt nicht, die Angst zu verjagen. Vielmehr sollte die Angst gewissermaßen als das Anmachholz angesehen werden, mit dessen Hilfe Sie das große Feuer der Furchtlosigkeit entfachen. Die Angst steht am Ausgangspunkt des Weges zur Furchtlosigkeit. Darüber sollten Sie sich klar werden. Weder sollte die Angst in Ihren Augen etwas Schwarzes noch die Furchtlosigkeit etwas Weißes sein. Unbedingt aber sollten Sie mit der Angst Freundschaft schließen.

Verstehen Sie die Angst, erwächst daraus Furchtlosigkeit. Schritt für Schritt beginnen Sie zu begreifen, warum Nichtexistenz Ihnen einen derartigen Schrecken einjagt. Und zu guter Letzt gelangen Sie zu Einsicht in Furchtlosigkeit. Zunächst stellt sich eine gewisse Erleichterung darüber ein, dass Sie sich Ihre Angst schließlich doch eingehend anschauen und sich ihr stellen. Dann entwickeln Sie Wissbegierde, und so wollen Sie nun den gesamten Bereich der Angst erkunden. Sobald Sie das getan haben, sind Sie in der Lage, Furchtlosigkeit wirklich zu leben. Solche Furchtlosigkeit hat eine schneidende Schärfe – das Ashe-Prinzip. Mit *einem* Streich kann Ashe, scharf wie eine Rasierklinge, die Angst durchdringen.

Daraufhin beginnt Furchtlosigkeit sich als Sinn für Humor, als eine gewisse Leichtigkeit zu bekunden. An dem Punkt kommt Ihnen wieder in den Sinn, dass Sie nicht einfach nur ein verängstigter, auf sich allein gestellter Mensch sind. Ihnen kommt wieder in den Sinn, dass Sie in einem gesellschaftlichen Kontext leben. Indem wir zu unseren Mitmenschen in Beziehung treten, erhalten wir Zugang zu unserer menschlichen Kreativität, und zunehmend sorgen wir dafür, dass unsere Welt an Weite gewinnt. Darin kommt Furchtlosigkeit zum Ausdruck.

14

Monumentale Nichtexistenz

Das Ashe-Prinzip tragen Sie im Herzen, unabhängig davon, ob Sie feige oder mutig sind. Es ist gleichbedeutend mit grundlegender Gutheit, und es ist eine Manifestation der grundlegenden Gutheit. Es wohnt unserem Körper inne, unserem Herzen, unserem Gehirn, unseren Adern, unserem Blut, unserem Fleisch. In uns allen ist das Ashe-Prinzip gegenwärtig. Es ist der Sinn für die jederzeit in uns vorhandene Magie. Nirgendwo anders müssen wir nach solcher Magie suchen. Diese Magie haben wir bereits in uns. Nur erkennen müssen wir sie. Nichts sonst brauchen wir zu tun.

Wenngleich jedem von uns das Ashe-Prinzip innewohnt, müssen Sie dennoch zunächst einmal mit der Vorstellung vertraut gemacht werden, dass so etwas in Ihnen vorhanden ist. Daraufhin können Sie es aktivieren und es in Ihrem Dasein zum Ausdruck bringen. Die Entdeckung des Ashe-Prinzips verhilft Ihrem Leben also zugleich zu einer Neuausrichtung. Womöglich haben Sie sich verirrt, streifen durch die Wildnis und meinen, einer der Affen zu sein. Da kommt ein Mensch auf Sie zu, tippt Ihnen auf die Schulter und sagt: „Hallo! Du bist kein Affe. Du bist ein Mensch." Im ersten Moment sind Sie vielleicht perplex, doch dann wird Ihnen klar: „O ja, das könnte stimmen." Daraufhin zünden Sie ein Feuer an. Affen tun sowas nicht. Und auf dem Feuer bereiten Sie Essen zu. Das tun Affen ebenfalls nicht. In gewisser Weise handelt es sich dabei um eine Analogie für diese Art von Übertragung. Denn diese lässt Sie zu einer ganz neuen Dimension Ihres Daseins erwachen.

Wenn wir das uns innewohnende Ashe-Prinzip wirklich leben, verhilft es uns zu einer Erfahrung von strahlender Lebendigkeit. Der tibetische Ausdruck dafür lautet *Ziji*[4]. *Zi* bedeutet „Brillanz" oder „Glanz", und *ji* bedeutet „Würde". Demnach besagt Ziji: Glanz und Würde treffen zusammen und strahlen nach außen. Wenn Sie einer Freundin oder einem Freund begegnen und Ihr Gegenüber sich guter Gesundheit erfreut, sagen Sie: „Gut siehst du aus!" Dieses Wohlbefinden, das Sie der Freundin oder dem Freund ansehen, ist Ausdruck von Ziji. Man könnte es als ein allem zugrunde liegendes Charisma auffassen, wenn auch nicht so wie bei einer charismatischen Filmschauspielerin oder einem charismatischen Politiker. Vielmehr handelt es sich hier um eine Qualität von grundlegender Gesundheit, die gut und ganz eindeutig ist. Keinerlei Unentschlossenheit schwingt da mit. Diese Qualität ist absolut zuverlässig, zugleich aber frisch und munter wie ein Tiger. Von Grund auf sind Sie gesund und stark. Für die Entstehung von Krankheit oder für das Auftreten von Hindernissen bleibt daher gar kein Raum.

Mit Körper, Rede und Geist den Glanz des Ashe-Prinzips widerzuspiegeln, das ist der Weg des Kriegers. Sie haben eine gute Haltung mit aufgerichtetem Kopf und entspannten Schultern. Das zu erreichen kostet Sie keinen Pfennig Geld! Ziji spiegelt sich in Ihrer Erscheinung wider. Dazu brauchen Sie sich keine teure Kleidung anzuschaffen und keine ausgefallene Frisur zuzulegen. Sie können durchaus schlicht gekleidet sein, und trotzdem kommt darin das – von Natur aus vorhandene – grundlegende Gutsein zur Geltung. Alles beruht auf der Haltung, die Sie einnehmen, und auf dem Verhalten, das Sie an den Tag legen.

Die Stimme eines Kriegers ist freundlich, aber eindringlich. Sie nuscheln nicht, sondern achten sorgsam darauf, welche Vokale und Konsonanten Sie artikulieren. Nicht minder achten Sie auf einen korrekten Satzbau und eine ebensolche Grammatik. Was Sie sagen, bringt zum Ausdruck, wer Sie sind, ob Sie nun zu einem zweijährigen Kind sprechen oder sich mit der Partnerin beziehungsweise dem Partner streiten.

Der Kommunikation immer und überall die volle Aufmerksamkeit zu schenken, das ist der Weg des Kriegers. Ob Sie sich gerade mit einem Universitätsprofessor unterhalten, einem Bankmanager, einem Taxifahrer, einem Eisenbahnschaffner oder einem Müllmann oder ob Sie jemanden nach dem Weg fragen, spielt dabei keine Rolle. Was auch immer ein Krieger sagt, kein einziges Wort spricht er achtlos oder unbedacht.

Was die geistige Disziplin angeht, so sollten Sie Ihren Geist in grundlegender Gutheit ruhen lassen und diesen Zustand genießen. Wissen Sie die Gutheit zu würdigen, dann versetzt Sie das in Feierlaune. Für Sie mag gerade eine Welt zusammenbrechen, vielleicht schulden Sie jemandem einen riesengroßen Geldbetrag, Ihre Ehefrau beziehungsweise Ihr Ehemann will Sie gerade verlassen, oder Sie wohnen in einem heruntergekommenen Stadtviertel, in dem das Martinshorn der Einsatzfahrzeuge Sie die ganze Nacht wach hält. Falls Sie es jedoch, ungeachtet all der Probleme, zu schätzen wissen, dass Sie ein Shambhala-Krieger sind, wird dieses innere Leuchten der Kriegerschaft Ihnen weiterhelfen. Denken Sie an das Ashe-Prinzip: Scharf wie eine Rasierklinge durchdringt es die Aggression. Und denken Sie an die grundlegende Gutheit, die Ihnen stets Auftrieb gibt. Bei diesen Prinzipien handelt es sich nicht um bloße Theorie, nicht nur um Konzepte. Traurigkeit und Freude sind eins im grundlegenden Gutsein. Versuchen Sie nicht, sich des Albtraums zu entledigen und an Freude festzuhalten. Lassen Sie Ihr Dasein einfach im Zustand grundlegender Gutheit zur Ruhe kommen. Falls notwendig, können Sie auch ausdrücklich zu sich selbst sagen: „Grundlegende Gutheit." Das wird hilfreich sein.

Bis jetzt sind wir der Frage nachgegangen, was Ashe in einem relativen Sinn bedeutet, wie es sich in unserer gewöhnlichen Alltagserfahrung manifestiert. Auf der absoluten Ebene ist das Ashe-Prinzip Nichtexistenz. Und das heißt hier: frei, oder leer, von Dualität sein. Ashe ist einfach offener Raum. In der buddhistischen Überlieferung wird Nichtexistenz als *Shunyata* bezeichnet. *Shunya* bedeutet „leer", „nicht" oder „nein". Durch *ta* wird daraus „Leer*heit*", „Nichtheit" oder „Nichtexistenz". Nichtexistenz bildet immer den Hintergrund. Entweder kann sie im Verborgenen bleiben, oder sie kann sich manifestieren. Letzteres versetzt uns in die Lage, mit diesem oder jenem, mit Gut und Schlecht im relativen Sinn zu arbeiten.

In der buddhistischen Überlieferung sprechen wir, wie bereits erwähnt, von Vajra-Natur – der diamantgleichen, absolut unzerstörbaren Qualität der Nichtexistenz. Weder für Gut noch für Schlecht ergreift sie Partei. Ebenso wird von dem absoluten Ashe-Prinzip gesagt, es sei wie ein Diamant und es zu zerstören sei ein Ding der Unmöglichkeit. Dem Raum kann man keine Wunden oder Schnittverletzungen zufügen, mag Ihr Schwert auch noch so scharf sein.

Im Deutschen sprechen wir von der unerbittlichen Wahrheit, von den harten Tatsachen des Lebens. Das Ashe-Prinzip ist gleichbedeutend mit den harten Fakten und der unerbittlichen Wahrheit, an der sich nicht rütteln lässt. Mit Mystik hat das nichts zu tun. Falls Sie es zu fassen versuchen, erweist es sich als einfach, offen und ungreifbar. Nichtsdestoweniger ist es hochgradig *da*. Es wird nicht länger als eine überspannte mystische Erfahrung betrachtet. Ashe ist in Ihnen. Es ist im Kosmos. Es ist universal. Es ist *Das*. Zutage tritt es, indem es, scharf wie eine Rasierklinge, jedwede dualistische Voreingenommenheit, jede konzeptuelle Vorstellung durchdringt. Alles in allem ist dieses Prinzip grundlegender Gutheit gleichbedeutend mit Nicht-Ich: nichts, wo man verweilen könnte, dennoch äußerst scharf und in höchster Weise stetig und unwandelbar. Es ist monumentale Nichtexistenz. Es ist die Essenz der Vereinigung von Himmel und Erde.

Teil drei

Auf der Windpferdenergie reiten

Ein Windpferd ist ein Pferd der ganz besonderen Art. Pferde sind wundervolle Tiere. Jede Pferdeskulptur ist ein heiliges Symbol. Pferde verkörpern jene kühnen Menschheitsträume, die wir Menschen gern einfangen würden. Der Wunsch, ein wildes Tier, den Wind, eine Wolke oder den Himmel einzufangen – all das wird durch die Darstellung des Pferds versinnbildlicht. Falls Sie am liebsten auf Bergen reiten oder mit Wasserfällen tanzen würden, findet all das in der Symbolik des Pferds seinen Ausdruck. Seine reale physische Gestalt – sein Hals, die Ohren, das Gesicht, der Rücken, die Muskeln, die Hufe, der Schweif – ist das Idealbild von etwas Romantischem, von etwas Energiegeladenem, von etwas Wildem, von etwas, das wir gern einfangen würden. Uns dient das Pferd hier als Analogie für solch eine Energie und für all diese Träume.

15

Unbedingte Zuversicht

Nun sind wir so weit, darüber zu sprechen, wie wir mit anderen Menschen arbeiten und ihnen die Essenz der Shambhala-Lehren nahebringen können. Niemanden bekehren zu wollen ist hier der springende Punkt. Vielmehr sollten wir unseren Mitmenschen dabei behilflich sein, zu *ihrer* Sicht, zu ihrer grundlegenden Gesundheit zu erwachen. Wie können wir das, ganz praktisch betrachtet, bewerkstelligen? Dazu müssen wir zunächst an unseren Ausgangspunkt zurückkehren, um dann unseren Weg aus einem anderen Blickwinkel zu betrachten.

Unser Selbstverständnis und unsere Einstellung zu uns selbst sind von sehr großer Bedeutung. Auch nicht die leiseste Tendenz, uns selbst erbärmlich zu finden, uns für unzulänglich zu halten oder uns mit grundsätzlichem Misstrauen zu begegnen, dürfen wir unbeachtet lassen. Unweigerlich gelangen derartige Gefühle immer wieder an die Oberfläche. Damit soll nun wiederum auch nicht gesagt sein, dass Sie von sich selbst nie etwas Schlechtes denken dürfen. Immer ist zugleich allerdings eine andere Seite vorhanden – ein Ausdruck von Gutheit. Das gilt es ebenfalls zu erkennen.

Ansonsten, ohne diese grundlegend gute Natur, würde die Menschheit überhaupt nicht existieren. Längst schon hätten wir uns selbst zerstört.

Wir haben uns auf die Reise begeben, sind bis an diesen Punkt gelangt, und wir können weitergehen. Darauf läuft im Wesentlichen das hinaus, was wir als die Sicht der großen östlichen Sonne bezeichnen. Dieser Sicht der Dinge haftet nichts besonders Glamouröses an, sondern sie ist eine schlichte Haltung. Darüber hinaus haben wir ein Interesse, oder den Wunsch, aber auch die Fähigkeit, diesen Weg weiterzugehen. In jedem von uns existiert ein Funke: Er versetzt uns in die Lage, uns gesund, bei Kräften und wohl fühlen zu können.

Was aber fangen wir nun mit dieser Freundlichkeit an, die wir mit Blick auf uns selbst empfinden? Wie wirkt sie sich auf unser Leben beziehungsweise auf dasjenige unserer Mitmenschen aus? Wenn wir das Gefühl haben, ein lebenswertes Leben zu führen und ein wertvoller Mensch zu sein, wird dieses für uns zum Ausgangspunkt für die Entwicklung einer gewissen Sanftheit und Freundlichkeit.

Das ähnelt dem Wässern der Saat in einem Garten. Die sich entwickelnde Freundlichkeit gleicht der Feuchtigkeit, die einem Samen die nötigen Wachstumsbedingungen bietet, damit Blätter hervorzusprießen beginnen und sich schließlich Blüten bilden können. Darüber hinaus entwickeln Sie Zuversicht. Wir sprechen hier von unbedingter Zuversicht. Im herkömmlichen Sinn bedeutet Zuversicht für uns, dass diese sich auf *etwas* richtet, die Zuversicht also durch etwas bedingt oder bestimmt wird. In unserem Fall indes lassen Sanftheit und Freundlichkeit ein nicht bedingtes Gefühl aufkommen, das hellwach, strahlend und warm ist. Treffen die beiden Voraussetzungen Feuchtigkeit und Wärme zusammen, dann wissen wir, dass die Pflanze gewiss wachsen und gedeihen wird. Solch eine Zuversicht ist der Same, an dem wir die gesamte übrige Welt teilhaben lassen sollten. Unbedingte Zuversicht ist der pragmatische Aspekt von Zärtlichkeit oder Freundlichkeit – das aus der Sanftheit erwachsende Handeln. Die Entwicklung von Zuversicht gleicht dem Anblick eines Sonnenaufgangs. Anfangs wirkt die Sonne noch kraftlos und wenig überzeugend. Wird sie's wohl überhaupt schaffen, so fragt man sich. Dann aber strahlt sie unentwegt.

Zuversicht hat nichts mit Stolz oder Überheblichkeit zu tun, sondern sie ist ein ganz natürlich sich entfaltender Prozess. Die Frage, ob man Zuversicht benötigt oder nicht, stellt sich gar nicht erst. Denn Zuversicht ist einfach von Natur aus vorhanden. Genau genommen brauchen wir sie noch nicht einmal zu entwickeln, sondern die ohnehin bereits existierende Zuversicht eigentlich nur *zur Kenntnis zu nehmen.*

Wenn wir anderen Menschen unbedingte Zuversicht vor Augen führen und ihnen dabei behilflich sein wollen, diese Qualität bei sich selbst wertzuschätzen, besteht überhaupt keine Veranlassung, bierernst oder pedantisch vorzugehen. Zuversicht ist ja bereits vorhanden. Das ist eine Tatsache. Nur hat dies erstaunlicherweise vorher niemand bemerkt.

Mit anderen Menschen über diesen Aspekt, über diesen Seinszustand zu sprechen läuft also einfach darauf hinaus, die Wahrheit auszusprechen. Irgendetwas zu erfinden ist nicht nötig.

Unbedingte Zuversicht manifestiert sich in unserem Leben als Wertschätzung: als Wertschätzung unserer Intelligenz, als Wertschätzung unserer wohlwollenden Haltung uns selbst wie auch unseren Mitmenschen gegenüber, als Wertschätzung guter Speisen und Getränke, als Wertschätzung unserer Meditationspraxis. Indem wir die sogenannten kleinen Dinge des Lebens wertschätzen, beginnt sich unser Leben zu öffnen und ist dann nicht länger bloß ein Kampf ums Überleben, sondern ein großartiges Leben, ein richtig gutes Leben.

Wollen wir unsere Auffassungen oder Einsichten anderen Menschen mitteilen, sollten wir zunächst einmal selbst guter Dinge sein. Das ist die angemessene Herangehensweise. Wenn wir dann mit anderen kommunizieren, sollte dies wirklich bewegend sein. Sanftheit beruht darauf, mit demjenigen Aspekt der eigenen Persönlichkeit in Berührung zu kommen, der positiv, zugleich allerdings von leichter Traurigkeit durchdrungen ist.

Wir sprechen hier über eine menschliche Situation und darüber, wie ein Mensch in ihr empfindet. Vielleicht lässt sich die in uns vorhandene Menschlichkeit dem Mutterschoß vergleichen, der überaus empfindsam ist, neues Leben heranwachsen lassen und es schließlich gebären kann. Diese fruchtbare Freundlichkeit ist das Herz der

Shambhala-Einstellung. Von dort, von diesem Raum aus, können Sie die große östliche Sonne ihre Wirkung entfalten lassen.

Weil Sie so menschlich sind, könnten Sie fast schon übermenschlich sein. Unser Ausgangspunkt aber ist das Menschliche. Die meisten Menschen, darin liegt eins der größten Probleme auf der Welt, spüren sich selbst nicht richtig. Wir versuchen deshalb einfach, uns selbst zu spüren, für uns selbst aufgeschlossen zu sein, uns wahrzunehmen und wertzuschätzen. Die gesamte Darlegung dessen, was wir als den Weg des Kriegers bezeichnen, beruht auf solcher Freundlichkeit.

Wir Menschen besitzen Gutheit. Dies anzuerkennen ist der Ausgangspunkt. Ansonsten könnte es geschehen, dass wir der Neigung, uns selbst erbärmlich zu finden, freien Lauf lassen, der Niedergeschlagenheit oder Depression Tür und Tor öffnen. Statt vollkommen wahrhaftig zu sein, kehren wir uns dann womöglich von uns selbst ab. Andererseits ist die Weigerung, ein schlichter Mensch zu sein, in Verbindung mit dem Versuch, stets übermenschlich zu sein und unsere elementare menschliche Situation mit all ihren Schwierigkeiten und Widersprüchen nicht anzuerkennen, eine andere Möglichkeit, unwahrhaftig zu sein. In beiden Fällen versuchen wir, jemand anderes zu sein, und geben nicht Acht auf das, was in unserem Leben geschieht. Vielfach erfinden wir jemand anderen und lassen diese/n andere/n – den Mythos einer Person, eine in Wahrheit gar nicht existierende Person also – an unsere Stelle treten. Und weil es uns in der Folge nicht gelingt, unsere eigene menschliche Qualität zu finden, begegnen wir jeder Menge Probleme. Sind Sie wahrhaftig, ist dieser Seinszustand unzerstörbar. Es hängt ganz davon ab, inwieweit Sie imstande sind, ein Krieger zu sein.

16

Windpferd entdecken

Im vorigen Kapitel haben wir erörtert, wie wichtig es ist, wahrhaftig zu sein, sich wirklich als Mensch zu fühlen. Davon ausgehend wird Ihnen nun immer klarer, dass es mit Ihrem menschlichen Dasein im Grunde kein Problem gibt. Nichts an Ihnen muss zerstört, nichts muss mit Stumpf und Stiel beseitigt werden. Für einen Krieg besteht keine Notwendigkeit.

Und genau das macht, wie bereits an anderer Stelle angesprochen, im letztendlichen Sinn die Vorstellung von Kriegerschaft aus: in jeder Hinsicht siegreich zu sein. Solange Sie kämpfen müssen, sind Sie nicht auf ganzer Linie siegreich. Sind Sie hingegen auf ganzer Linie siegreich, dann brauchen Sie nichts und niemanden zu bezwingen. Diese Haltung nehmen wir hier uns selbst gegenüber ein.

Die Gutheit des menschlichen Daseins erkennen wir ja nicht deshalb, weil wir Negatives verdrängen oder es nicht zur Kenntnis nehmen wollen. Wenn Sie rückblickend die eigene Erfahrung, den eigenen Geist und den gesamten Verlauf Ihres Lebens betrachten – wer Sie sind, was Sie sind und warum Sie auf dieser Welt sind –, wenn Sie das systematisch betrachten, Schritt für Schritt, werden Sie kein einziges Körnchen eines grundlegenden Problems ausfindig machen können.

Aus der Perspektive der großen östlichen Sonne betrachtet, hängt die Welt bereits zusammen, und für Chaos, in welcher Form auch immer, bleibt da nicht viel Raum. Noch einmal: Die Frage ist nicht, ob man an Gutheit *glaubt*. Wenn Sie wirklich hinschauen, Ihren Geist, Ihr ganzes Dasein auseinandernehmen und untersuchen, stellen Sie fest, dass Sie wahrhaftig sind, so wie das übrige Dasein auch. Tatsächlich ist das gesamte Dasein sehr sinnvoll und kohärent aufgebaut. Für Pannen bleibt da kein Spielraum.

Daraus erwächst ein noch weiter reichendes Empfinden von Gesundheit und Ganzheitlichkeit. Physisch, psychisch, im häuslich-familiären Bereich und in spirituellen Belangen führen Sie Ihr Leben so, dass Sie es ganz und gar ausschöpfen. Vom tiefsten Innern her fühlen Sie sich gesund: als hielten Sie einen gediegenen Goldbarren in der Hand – gehaltvoll, schwer und golden glänzend. Die ganze Situation fühlt sich nicht nur real an, sondern auch ausgesprochen reich.

Von dieser Fülle, diesem reich gefüllten Reservoir, geht Bewegung aus, Energie. Diese Energie vibriert, denn sie ist überaus lebendig und wach. Und sie beginnt auszustrahlen, sie geht auf Reisen, hin und her, um in eine Beziehung zur Erscheinungswelt, zu Ihrer Welt, zu treten und mit dieser zu kommunizieren.

Wer Energie nach außen richtet, tut es gewöhnlich, um sich mittels dieses Projektionsprozesses Wünsche zu erfüllen oder Erwartungen zu bestätigen. So entsteht eine Lücke, oder ein Bruch, wodurch wiederum die Ganzheit zerstört wird. An dem Punkt regt sich häufig der Zweifel. An und in dieser die grundlegende Gesundheit gefährdenden Bruchstelle können Sie sich dann alle möglichen psychischen Erkältungen, Infektionen und Fiebererkrankungen zuziehen. Und indem Sie kommunizieren, geben Sie solche Beeinträchtigungen Ihrer psychischen Gesundheit womöglich an die übrige Welt, an Ihre übrige Welt weiter.

In der wahrhaft menschlichen Situation, der Situation der Kriegerschaft, sollten wir dieses Problem nicht haben. Vielmehr öffnen wir uns, lassen uns vollständig auf eine Situation ein und erhalten daraufhin die entsprechende Rückmeldung, die uns hilft, ein wirklichkeitsgetreues und klares Verständnis zu entwickeln. Irgendeinen Zweifel zu haben, dazu besteht hier keinerlei Veranlassung. Die Zweifelsfreiheit des Kriegers ist letztlich darauf zurückzuführen, dass sie oder er unablässig zu dem ursprünglichen Gefühl, wahrhaft mit sich selbst in Einklang zu stehen, in Verbindung tritt. Davon ausgehend kann sich außerordentliche Gesundheit verbreiten.

An dem Punkt bezeichnen wir die große östliche Sonne als die *goldene Sonne des großen Ostens*. Das verweist auf diese Qualität von Gesundheit. Nachdem wir sie bei uns selbst entdeckt haben, könnte es durchaus geschehen, dass wir daraufhin gleich auch unsere Mitmenschen vom Wert unserer eigenen Gesundheit überzeugen wollen. Solange wir nicht wirklich wissen, was wir tun, ist das jedoch ein Fehler. Höchstwahrscheinlich können wir das Erlebte nicht einmal genau benennen und beschreiben. Und mag es sich auch um eine noch so eindrucksvolle Erfahrung gehandelt haben, werden wir, wenn wir mit anderen zu früh darüber sprechen wollen, nicht viel bewegen können. Im Grunde werden wir lediglich die geistigen und emotionalen Beschwerden, die unseren Mitmenschen zu schaffen machen, auf uns ziehen und daraufhin ein Teil ihrer Probleme werden.

Echte zwischenmenschliche Kommunikation kann nur in einem langsam und organisch sich vollziehenden Prozess bestehen, der in uns selbst seinen Anfang nimmt. Wenn wir gründlich und in angemessener Weise an uns arbeiten, kann solch ein heilsamer Einfluss auf natürliche Weise wirksam werden, völlig mühelos. An diesem Punkt erleben Sie indes noch keineswegs in einem umfassenden Sinn, was es heißt, ein Krieger zu sein, sondern Sie kommen mit der Essenz, dem Samen der Kriegerschaft, gerade erst in Berührung.

Ein naturgegebenes Interesse an der Welt ist ebenfalls Bestandteil eines Daseins im Licht der großen östlichen Sonne. Mag sein, dass Sie an Ihrem Arbeitsplatz, in einer Fabrik oder in einem Schnellimbiss beispielsweise, eine ziemlich eintönige Tätigkeit verrichten. Doch was immer Sie tun – mit jeder Stunde, ja jeder Minute, schlagen Sie in Ihrem Leben ein neues Kapitel auf, oder zumindest eine neue Seite. Ein Krieger braucht keinen Fernseher. Ein Krieger benötigt keine Comics, damit für Unterhaltung gesorgt, damit sie oder er gut drauf ist. Die den Krieger umgebende Welt ist ganz und gar, was sie ist. Und die Frage nach Unterhaltung stellt sich überhaupt nicht.

Wissbegierde oder auch Neugier entstehen gemeinhin aus Langeweile und dem Bestreben, sich mit interessanten Dingen die Zeit zu vertreiben. Aber wenn Sie Angst haben und sich bedroht fühlen, soll Ihnen die Wissbegierde vielleicht helfen, einen Zufluchtsort zu finden, an dem Sie vor eventuell drohender Gefahr geschützt sind. Bei einem Krieger hingegen stellt Wissbegierde sich spontan ein, begleitet von reiner, völlig ungetrübter Freude daran. Solch eine Wissbegierde äußert sich ganz sacht und sanft, ist zugleich jedoch kaum unterzukriegen.

Wem etwas Freude bereitet, der entwickelt mitunter schon bald ein dickes Fell, wird selbstgefällig und sagt: „*Ich* bin ganz entzückt!". Hierbei handelt es sich jedoch lediglich um Selbstbestätigung. Im Fall des Kriegers hingegen klingt in solch einer Erfahrung zugleich eine schmerzliche Note mit an, die nicht negativ zu verstehen ist, sondern auf Offenheit und Vorbehaltlosigkeit verweist.

Wann immer Sie sich für etwas interessieren, besinnen Sie sich auf die grundlegende Traurigkeit und Empfindsamkeit. So können Sie mehr und mehr Aufrichtigkeit an den Tag legen. Das wiederum entfacht zunehmend Ihr Interesse an der Welt. An dem Punkt spüren Sie, dass es für Sie im Leben stetig vorangeht.

Die Logik der großen östlichen Sonne wartet mit vielen subtilen psychologischen Feinheiten auf. Bisweilen sprechen wir auch vom *Weg* der großen östlichen Sonne. Indem wir uns auf die große östliche Sonne ausrichten, eröffnet sich uns ein Weg. Unter Umständen sehen Sie, wenn Sie sich morgens den Sonnenaufgang anschauen, Lichtstrahlen auf Sie zukommen – eine Analogie für den Weg zu Wachheit und Freundlichkeit, der sich im Licht der großen östlichen Sonne abzeichnet, und eine Einladung an Sie, den Weg des Kriegers zu gehen. Und solange Sie keine persönlichen Erfahrungen auf diesem Weg gesammelt haben, können Sie ihn auch nicht bei anderen Menschen nachvollziehen.

Die Vision der großen östlichen Sonne steht darüber hinaus mit einer anderen Vorstellung in Zusammenhang. Windpferd, *Lungta* auf Tibetisch, bezeichnet ein Gefühl von Ritterlichkeit, Munterkeit und Freundlichkeit, einen aufgerichteten Daseinszustand. In der Person des Kriegers wird all dies zu *einem* Seinszustand zusammengefasst.

Lungta, Windpferd, ist zugleich eine bestimmte Art von Magie, die Sie entdecken, wenn Sie sich mit dem Ashe-Prinzip, oder uranfänglichem Vertrauen, verbinden. Das Ashe-Prinzip entfacht Energie im Krieger, macht ihn oder sie dadurch fast zu einer übermenschlichen Person. Ihre Körperhaltung verändert sich, tatsächlich beginnt sich Ihr ganzes Erscheinungsbild zu wandeln. In zunehmendem Maß entwickeln Sie eine außerordentliche Stärke und Eleganz: Qualitäten, die wir an anderer Stelle bereits als Ziji beschrieben haben. Lungta erschließt die elementare Energie von Ashe, und Ziji ist dann das Resultat. Als Analogie hierzu könnte eine Fahrt auf der Autobahn dienen. Dann entspricht Ashe dem Motor, Lungta dem Kraftstoff, mit dessen Energie sich der Wagen voranbewegt, und Ziji entspricht der auf die Straße gebrachten Geschwindigkeit.

Um elegant zu sein, müssen Sie nicht nach der neuesten Mode gekleidet sein oder einen maßgeschneiderten Anzug tragen. Eleganz hängt nicht davon ab, dass Sie in den nobelsten Restaurants speisen, die schicksten Autos fahren, sich einen eindrucksvollen Akzent zulegen oder sich mit einer Aura von Kultiviertheit umgeben.

Viele Leute, sofern sie es sich leisten konnten, haben versucht, auf diese Weise den Eindruck von Eleganz zu erwecken. Wer dagegen nicht über die nötigen finanziellen Mittel verfügte, fühlte sich dann gewöhnlich im Hintertreffen. Denn gut auszusehen war, nach Auffassung dieser Menschen jedenfalls, eine Frage des Geldes. Hier in unserem Fall jedoch, in dem des Kriegers, brauchen Sie keine Extravaganz an den Tag zu legen. Sie können sich im Secondhandladen was aussuchen, und wenn Sie es tragen, sieht es einfach klasse aus – nicht weil Sie Ihre Kleidungsstücke mit so viel Geschick und Geschmack zu kombinieren verstehen, sondern weil Sie Lungta entwickelt haben.

Lungta, Windpferd, erwächst im Umfeld der großen östlichen Sonne. Sie lässt eine heilige Atmosphäre entstehen, in der Sie sich stetig vorwärts bewegen und neue Energie tanken. Das Leben, das Sie führen, ist ein im umfassendsten Sinn gelebtes Leben. Das spüren Sie. Darum brauchen Sie weder einen Schneider noch einen Architekten, damit er, stellvertretend für Sie, Ihrer Welt neuen Glanz verleiht. An diesem Punkt erfassen Sie, was es heißt, ein wahrer Krieger zu sein.

All dies ist Bestandteil dessen, was wir als Sanftmut des Kriegers bezeichnen. Mit „sanftmütig" meinen wir hier nicht, dass Sie unterwürfig sein oder sich leichthin ausnutzen lassen sollen. Der Ausdruck Sanftmut verweist vielmehr auf die Wahrhaftigkeit des Kriegers. Ihr gesamtes Dasein haben Sie eingehend und systematisch untersucht. Darum zeugt Ihr Leben von einer derart gesunden Ganzheit. Und diese Grunderfahrung bildet das Fundament für den gesamten Shambhala-Weg. Andernfalls könnte das hier zur Rede stehende Thema, die Shambhala-Welt, den Eindruck erwecken, es handele sich lediglich um die Darstellung eines Mythos. Dann könnten Sie sich ebenso gut einen Film über Shangri-la anschauen, der trotz mancher ziemlich kitschig anmutender Szenen durchaus überzeugend sein mag. Und dennoch ist dort alles frei erfunden.

Wenn wir über Eleganz reden, besteht da kein Zusammenhang mit Überheblichkeit. Wenn wir über Furchtlosigkeit sprechen, ist damit keinesfalls Härte gemeint. Wahrhaftigkeit kann nicht bedeuten, dass man so tut, als sei etwas vorhanden, was gar nicht da ist. Und Freundlichkeit meint nicht, dass man höflich ist und sich fälschlich den Anschein gibt, ein Bodhisattva zu sein.

Lungta, Windpferd, entsteht in einer Grundstimmung von Gewahrsein und Achtsamkeit. In diesem Raum beständiger grundlegender Gesundheit kann ein Moment großer Klarheit aufblitzen, ein Hauch von Inspiration oder eine Empfindung großer Freude spürbar werden. So etwas geschieht andauernd in Ihrem Leben. Im Lauf eines Tages werden Sie sich womöglich auf eine geradezu schon unmenschliche Ebene des Zweifelns und der Niedergeschlagenheit hinab begeben. Und Sie bringen sich dann den lieben, langen Tag immer wieder auf die Ebene der Kriegerschaft zurück.

Der Schlüssel zur Kultivierung von Lungta ist die Meditationspraxis. Darüber hinaus knüpfen Sie eine Verbindung zum Ashe-Prinzip, zur ursprünglichen Wachheit. Zu guter Letzt ist dann Ihr ganzes Leben von einer Atmosphäre der Wahrhaftigkeit durchdrungen, und Lungta kann jederzeit aufblitzen.

Man könnte Lungta auch als ein aus Wahrhaftigkeit hervorgehendes Energiereservoir bezeichnen. Wer noch ziemlich am Anfang seines Weges als Krieger steht, erlebt diese Wahrhaftigkeit zunächst nur für ganz kurze Augenblicke. Haben Sie in solch flüchtigen Einblicken erkannt, wie Sie tatsächlich sind, stellt sich daraufhin die Erfahrung grundlegender Gesundheit, oder Ganzheitlichkeit, von allein ein. Und schließlich spüren Sie den Funken, den Wind von Lungta, Windpferdenergie. Dieser ganze Prozess vollzieht sich bei einem vollständig entwickelten Krieger zeitgleich, nichtsdestoweniger kann man die einzelnen Phasen auch gesondert betrachten.

Wahrhaftig zu sein ist immer wieder der entscheidende Punkt, auf den alles hinausläuft. Sobald sich eine Lücke darin auftut, kann ein Krieger einzig und allein zu dieser Wahrhaftigkeit zurückkehren. Daraufhin fühlt sie oder er sich irgendwie nackt, berührbar; ein überaus zartes und zugleich schmerzliches Gefühl. Dies ist der Rettungsanker oder die Sicherheitsvorkehrung – damit der Krieger nicht vom Weg abirrt und sich kein dickes Fell zulegt.

Lungta zu entdecken setzt im Grunde nur voraus, dass Sie Ihren Widerstand aufgeben. Es erfordert nicht, dass Sie sich abmühen, etwas zu verstehen oder es auf den Punkt zu bringen. Eigentlich ist das alles ganz einfach und unmittelbar. Japanische Koto-Musik hat, nach musikalischen Maßstäben, solche Qualitäten: eine raue, ungeschliffene Wahrhaftigkeit. Mitunter scheuen Menschen sich, diese Qualitäten anzuerkennen – was zeigt, dass sie feige sind. Versäumen wir es, uns selbst zu verstehen, bleibt unsere Wahrhaftigkeit auf der Strecke und damit zugleich alles, was aus ihr erwächst. Dann büßen Sie Ihre grundlegende Gesundheit ein, ebenso geht Ihnen Ihr Windpferd verloren, Ihr Lungta.

Wer nicht weiß, was Angst ihrer Natur nach ist, kann über die Angst nicht hinausgelangen. Sobald man allerdings die eigene Feigheit erkannt hat, also weiß, wo der Stolperstein liegt, braucht man nur noch über ihn hinwegzusteigen – vielleicht bloß drei oder vier Schritte.

17

Der Funke der Zuversicht

Zwischen einem amateurhaften Krieger und einem echten Krieger besteht ein Unterschied, über den wir im Kontext der Einheit von Säkularem und Spirituellem sprechen könnten. Die beiden Themen gehören zusammen. Von einem säkularen Ansatz ist die Rede, wenn wir den Blick unmittelbar auf uns selbst richten, um – unbeeinflusst von einer religiösen Perspektive – dahinter zu kommen, was es mit unserer Existenz, mit unserer Gesundheit, mit Ruhm und Ehre auf sich hat. Der Begriff „säkular" wird hier keineswegs im Sinn von „entweiht" verwendet. Gemeint ist vielmehr, dass Sie über Ihre persönlichen Quellen verfügen, Ihr eigenes Dasein haben und einfach das annehmen, was entdeckt werden möchte.

Möglicherweise werden wir zu dem Schluss gelangen, dass diese „säkularen" Erfahrungen mit den spirituellen Entdeckungen auf dem buddhistischen Weg in Einklang stehen. Auf jeden Fall machen wir uns die Disziplin von Achtsamkeit und natürlichem Bestreben zunutze, um uns zu öffnen und uns sozusagen ständig zu überprüfen. Möglicherweise werden wir zu dem Schluss gelangen, dass dieses Säkulare auf eine subtile Weise ausgesprochen heilig, ausgesprochen real und unverfälscht wird. Erreicht die Wahrhaftigkeit jenen Punkt der Unverfälschtheit, an dem das Säkulare zu etwas Heiligem wird, beginnen wir den wahren Krieger zu entdecken, den echten Krieger im Unterschied zum nachäffenden oder imitierenden Krieger.

An der Stelle können wir nun der Frage ein wenig weiter nachgehen, wie wir mit anderen Menschen arbeiten und ihnen vielleicht beim Aufwachen zur Seite stehen können. Persönlich haben wir schon Disziplin und ein Verständnis von Furchtlosigkeit entwickelt. Wie aber können wir anderen Menschen beides zugute kommen lassen?

Menschen kann man metaphorisch gesprochen aufwecken, mit allerlei extremen Maßnahmen aufwecken: Man kann an ihre Tür pochen, laut rufen, sie mit kaltem Wasser übergießen. All das sind mögliche Mittel und Wege, Menschen wach zu machen. Zwischenmenschliche Verständigung solchen Zuschnitts haben die meisten von uns im Leben schon ausprobiert – sind obendrein anderen aufs Dach gestiegen oder haben sonst wie versucht, sie zu bestürmen.

Wenn wir allerdings mit zu großem Nachdruck vorgehen, ohne über die nötige Grundkompetenz und Autorität oder über die erforderliche Präsenz zu verfügen, sind wir am Ende selbst die Dummen. Denn all das wird früher oder später wieder auf uns zurückfallen. So würde ein echter Krieger ganz gewiss nicht handeln.

Falls Kommunikation Ihrer Auffassung nach vor allem beinhaltet, Ihren Mitmenschen gegenüber derart in Rage zu geraten, als würden Sie sich auf einer Bühne vor Publikum gewissermaßen selbst in Stücke reißen, werden Sie mit Ihrer Darbietung vielleicht manche Leute überzeugen können. Sofern Ihr Publikum leichtgläubig genug ist, könnte diese Methode zum Ziel führen. Einige Menschen sind in der Vergangenheit mit ziemlich großem Erfolg so vorgegangen. Die Scharlatane unter den Lehrern beispielsweise arbeiten häufig auf solch eine Weise.

Wenn Sie jedoch die eigene Wahrhaftigkeit bereits entdeckt und Verbindung zu ihr aufgenommen haben, wird eine Show nach diesem Muster nicht funktionieren. Das würde ins Auge gehen. Ein ausgesprochener Glücksfall für den Krieger, eine Sicherheitsvorkehrung, die es dem wahren Krieger unmöglich macht, andere erfolgreich hinters Licht zu führen.

Tatsächlich kann ein wahrer Krieger seine Mitmenschen nur auf eine einzige Art erreichen: durch persönliches Verständnis. Und dann können Sie ihnen deutlich machen, dass ihre von einer Armutsmentalität zeugende Logik ungerechtfertigt ist. Verhelfen Sie ihnen so zum Erwachen!

Ein echter Krieger kann aus vielen Quellen schöpfen, aus jederzeit zugänglichen Quellen. Selbst wenn Sie das Gefühl haben, dass Ihnen die Ideen ausgehen – in Wahrheit geht Ihnen überhaupt nichts aus, vielmehr fallen Sie nur der eigenen Feigheit zum Opfer. Darüber können Sie hinausgelangen, und dann werden Sie feststellen, dass Sie über weitere Ressourcen verfügen. Unausschöpflich große Inspirationsquellen sprudeln ohne Unterlass.

Die körperliche und seelische Gesundheit von Lungta nach außen zu projizieren, darin besteht der magische Kunstgriff, der Schlüssel zum Umgang mit anderen Menschen. Vielleicht haben Sie gerade einen schlimmen Tag hinter sich. Wenn Sie dann aber den Geist darauf ausrichten, nach Shambhala-Art mit anderen Menschen zu kommunizieren, lassen Sie sich auf Lungta ein. Sie fühlen sich gut, fühlen sich gesund und spüren, dass Sie bereit sind loszulegen.

Genau an dem Punkt müssen wir nun aufpassen, dass wir Lungta nicht nur imitieren. Das ist allerdings gar nicht so ohne. Heikel kann es insbesondere dann werden, wenn Sie vor einer großen Herausforderung stehen: wenn Sie zum Beispiel einen öffentlichen Vortrag halten oder anderweitig vor einem großen Publikum auftreten, jemandem einen Heiratsantrag machen, die Scheidung fordern oder von Ihrem Chef eine Gehaltserhöhung verlangen. Dann haben Sie möglicherweise eine Tendenz, sich künstlich aufzuplustern. Mit „imitieren" ist in diesem Zusammenhang gemeint, dass Sie sich selbst hinters Licht führen, indem Sie sich sagen: „Ich werde das jetzt machen, ganz egal ob ich echte Zuversicht in mir verspüre oder nicht." Sie haben einige Bröckchen einer grob vereinfachenden Logik aufgeschnappt, sich ein paar Notizen gemacht und versuchen nun, mit derartigen Tricks andere Leute zu überrumpeln.

Imitation will sich nicht mit echter Disziplin und der Aneignung echter Fertigkeiten abplagen. Sie ist aufdringlich, ohne jede Feinfühligkeit, unbeholfen. Wenn Sie die Muskeln spielen lassen, den starken Mann markieren, inspiriert das niemanden. Letzten Endes führt es zu nichts, weil Sie sich im Grunde überhaupt nicht auf das Aufblitzen von Lungta, auf die Windpferd-Inspiration eingelassen haben.

Zuversicht entspringt gleichsam aus dem Nichts. Zuversicht taucht einfach auf. Zuversicht ist eine unvermittelte Eingebung mit einem ausgesprochen gesunden Beigeschmack. Bevor Sie vor anderen Menschen erscheinen müssen, könnten Sie sich zumindest fünf oder zehn Minuten Zeit nehmen, um sich auf Zuversicht einzustimmen. Setzen Sie sich in einen Sessel oder auf ein Meditationskissen, und stimmen Sie sich auf den unerschöpflich großen Ozean grundlegender Gesundheit ein. Kommt dann ein Funke Zuversicht auf, lassen Sie ihn nach außen durchdringen. Schon gibt es kein Problem.

Echte Kommunikation beruht darauf, dass man sich auf jenen Zuversichtsfunken einstimmt. Er weist all die Elemente von Wachheit und Kraft auf, über die wir gesprochen haben. All die Prinzipien sind in dem Funken, in dieser einen grundlegenden Eingebung, enthalten. Er ist spirituell, und zugleich säkular, alles in einem. Das wird die Aufmerksamkeit Ihrer Mitmenschen erregen, und so können Sie dafür sorgen, dass die Gedanken der Menschen nicht dauernd abschweifen und sie sich nicht dem unbewusst vonstatten gehenden geistigen Geplapper überlassen.

18

Die andere Seite der Angst

Während ein Krieger auf dem Weg vorangeht, wird sie oder er unter Umständen Phasen starker Angst durchleben. Häufig taucht solch eine Angst wie aus dem Nichts auf, einfach so, sie erwischt Sie kurzerhand. Dann stellen Sie womöglich alles, was Sie sind, in Frage: alles, was Sie studiert, was Sie gelernt und verstanden haben; oder auch Ihre Lebenssituation ganz generell. Dann finden Sie die Welt, die Sie umgibt, ebenso erbärmlich wie die eigene.

Häufig erlebt man derartige Angstattacken, nachdem man die Vision der großen östlichen Sonne und das Prinzip der unbedingten Zuversicht verstanden hat. Wenn Sie zu einem makellosen Verständnis der Dinge gelangt sind, kann diese Angst auftauchen.

Tatsächlich ist solch eine Angst indes eine weitere Phase in der Entwicklung von Zuversicht: Sie stehen im Begriff, eine noch tiefer gehende Zuversicht zu entdecken.

Angst in diesem Sinn tritt auf dem Weg des Kriegers viele Male zutage und ist ein untrügliches Anzeichen für Fortschritte auf dem Weg. Anfangs, in den ersten Phasen dieses Wachstumsprozesses, besteht nach unserem Empfinden kein Widerspruch zwischen unserem Verständnis und unserer Fähigkeit, das Gelernte anzuwenden. Gedanklich können wir den Prozess gut nachvollziehen, und auf der Erfahrungsebene können wir uns mit Lungta verbinden. Jedes Mal jedoch, wenn wir einen Schritt vorangehen – wenn wir drauf und dran sind, eine weitere Stufe beziehungsweise eine weitere Herausforderung der Kriegerschaft zu entdecken und noch mehr Zuversicht an den Tag zu legen –, durchleben wir, bevor uns dieser Durchbruch gelingt, ungeheure Angst.

Wann immer Sie im Leben an diesen Punkt gelangen, sollten Sie die Natur der Angst eingehend untersuchen. Und zwar nicht, indem Sie vernunftbezogene Fragen stellen. Etwa: „Warum habe ich Angst?“ Oder: „Worin liegt die Ursache meiner Angst?“ Vielmehr schauen Sie sich hier den Angst- oder Panikzustand, der Ihnen zu schaffen macht, schlicht und einfach an. Sie schauen bloß hin.

Für manche Menschen ist Angst etwas Irrationales. Bestimmte andere Menschen haben jede Menge „vernünftiger“ Erklärungen für die Angst zur Hand, mal diesen, mal jenen Grund. Unermesslich viele Möglichkeiten, die Berechtigung von Angst zu untermauern, tun sich auf. In dem Fall sollten Sie jedoch, statt analytisch an die Angst heranzugehen, den Blick einfach ganz unmittelbar auf Ihre Angst richten. Tauchen Sie in die Angst ein. Wenn Sie das tun, werden Sie als Nächstes das Gefühl haben, ein totaler Versager zu sein. Angst bündelt eine Menge starker Energien. Wenn Sie in diese eintauchen, kommt es Ihnen so vor, als hätten Sie soeben ein Loch in einen Ballon gestochen, oder als wären Sie in gerade Eiswasser eingetaucht. Schlagartig herrscht Kälte.

Dann aber werden Sie jenen Hauch von Traurigkeit verspüren, über den wir bereits mehrfach gesprochen haben. Außerdem empfinden Sie möglicherweise ein anhaltendes Gefühl von Einsamkeit und Unsicherheit. Das sind Überbleibsel von Angst. Nichtsdestoweniger verliert Ihre Angst an Intensität, sie wird mehr oder weniger überschaubar. Und Sie können nun mit ihr arbeiten.

Wir sprechen hier nicht über ein einzelnes großes, an *einem* Nachmittag stattfindendes Ereignis. Die Arbeit mit der Angst gleicht einer Reise, auf der man nur langsam vorankommt und zahlreiche Wiederholungen in Kauf nimmt. Möglicherweise müssen Sie sich immer wieder an die Arbeit begeben: erst in großen, später dann in kleineren Durchgängen. Wenn Sie Angst haben, erleben Sie nun jedes Mal aufs Neue, was „wahrhaftig sein" bedeutet, und lernen auf diese Weise alle Bedeutungsfacetten immer tiefer gehend und umfassender kennen.

Zweifellos werden Sie es im Leben mit Angst zu tun bekommen. Zu verstehen, wie Sie der Angst wirkungsvoll begegnen können, indem Sie sich zunächst tiefer in sie hineinbegeben und dann wieder aus ihr hervorkommen, ist deshalb von solch entscheidender Bedeutung. Niemand von uns muss glauben, in der Falle zu sitzen. Wählen wir diese Perspektive, sind wir frei. Was wir tun wollen, können wir auch tun. Diese Grundhaltung sollten wir im Leben einnehmen.

Selbst wenn Sie große Angst verspüren, können Sie in diese Angst hineingehen und sie anschließend hinter sich lassen. Das ist tatsächlich möglich. Sich so zu verhalten bedeutet, sich die Einstellung eines Herrschers anzueignen: Es ist machbar, und wir können es machen. Ein solches Empfinden von Freiheit und Furchtlosigkeit ist enorm wichtig.

Wenn Sie das verstehen, werden Sie nicht in Ihrer Angst verharren. In gewisser Weise sind Sie im selben Moment, in dem Sie sich Ihrer Angst bewusst werden, bereits auf der anderen Seite der Angst angelangt. In Ihre Angst hineinzugehen ähnelt dem Durchschreiten eines Nebelschleiers. Ob Sie das dabei Erfahrene einfach nur als etwas Reales ansehen oder als eine überdimensionale Falle, eine Art monumentales Gefängnis, davon hängt alles ab. Falls Sie weiter panisch reagieren, leisten Sie der Feigheit Vorschub. Geraten Sie hingegen nicht total in Panik, dann erleben Sie schlicht und einfach Angst. Genau an dem Punkt können Sie den Durchbruch schaffen, ohne zu einem Feigling zu werden: Allem zugrunde liegendes Lungta zu wecken ist der springende Punkt. Sofern Sie in der Lage sind, Angst und Unsicherheit mit wahrhaftiger Zuversicht zu vereinen, werden Sie den Durchbruch zur anderen Seite hin schaffen.

Mit den beiden Seiten der Medaille im eigenen Innern umzugehen ist zwar schwierig, aber machbar. Auf dem Weg des Kriegers, so stellen Sie fest, gehen Sie jetzt die Arbeit an sich selbst noch entschlossener an und fühlen sich mit allem, was Ihr Leben ausmacht, zunehmend stärker verbunden. An dem Punkt erleben Sie tatsächlich die Vereinigung von Himmel und Erde. „Himmel“ bedeutet hier grundlegende Gesundheit – oder ein gutes, unmittelbares Verständnis. „Erde“ steht für die praktischen Aspekte des Daseins. Himmel und Erde miteinander zu vereinen bedeutet: den Sinn fürs Praktische und grundlegende Gesundheit, oder Weisheit, miteinander in Einklang bringen, sodass wir diese Gesundheit nunmehr tatsächlich an andere weitergeben können.

Die Vereinigung von Himmel und Erde kann man hier auch dahingehend auffassen, dass man selbst „Himmel“ und der/die/das andere „Erde“ ist. Somit besteht die Vereinigung darin, dass man sich selbst und andere/s auf gesunde Weise miteinander in Einklang bringt.

In der Vergangenheit haben Sie möglicherweise das Gefühl gehabt, es fehle eine Art Bindeglied zum Universum. Manchmal war keine Erde vorhanden; manchmal hatten Sie keinen Himmel. Manchmal wollten die beiden nicht recht zueinander finden. Zu guter Letzt vermittelt Ihnen Ihre Erfahrung jetzt jedoch ein Gefühl der Fülle, der Vollständigkeit, ein Gefühl vollkommenen Einklangs. Das bedeutet für Sie die Wiederentdeckung eines gesunden Wohlbefindens, eines starken und gesunden Zustands von Geist und Körper. Ihre Einstellung zu sich selbst und zu den anderen hellt und heitert sich allmählich auf. Nur so können Sie tatsächlich das gesamte Universum in den Händen halten.

19

Unbesiegbarkeit

Wie können wir die Shambhala-Welt in uns tatsächlich 24 Stunden am Tag so aufrechterhalten, dass wir es nicht bei bloßen Theorien zur Überwindung von Überheblichkeit und zur Entwicklung von Zuversicht bewenden lassen? Darüber sollten wir nun, da wir uns dem Ende unserer gemeinsamen Reise nähern, unbedingt sprechen. Wie können wir die Einsichten, zu denen wir gelangt sind, so anwenden, dass wir das Gefühl haben, uns kontinuierlich in einer Übungs- und Praxissituation zu befinden? Lungta wachrufen und das von Zuversicht getragene Gewahrsein eines Shambhala-Kriegers wahren – beides sind wichtige Disziplinen. Darüber hinaus gilt es freilich noch etwas anderes zu kultivieren: eine fortwährende Erfahrung, oder Qualität, des Heiligen im Alltag.

Von der grundlegenden Entdeckung des Heiligen war bereits an anderer Stelle die Rede, in Kapitel 6. Nun möchte ich Sie mit einer weiteren Möglichkeit bekannt machen, nicht bedingte Heiligkeit zu kultivieren.

Probleme, Schwierigkeiten und Herausforderungen können im Alltag ganz unvermittelt auftauchen. Zweifel, Schmerzempfindungen oder eine heftige Emotion können plötzlich in uns aufsteigen. Gleichzeitig, genau im selben Augenblick, können wir aber auch das

Heilige in dem, was auftaucht, wahrnehmen. Schlagartig können wir ein Gewahrsein unbedingter Heiligkeit haben. Solch ein Gewahrsein zu entwickeln und aufrechtzuerhalten, darin sollten wir uns üben. Das ist ganz wichtig. Weitgehend gleicht dies dem bereits zuvor erläuterten Funken der Zuversicht, aber auch den Vorstellungen, über die wir in Bezug auf die Verwirklichung der Vajra-Natur und der Vajra-Welt gesprochen haben. Nicht bedingte Heiligkeit – heilige Welt – unmittelbar jeden Augenblick neu zu fördern, das ist diejenige Übung, die es uns erlaubt, all unsere Erfahrungen der äußeren Welt zum Bestandteil eines Shambhala-Mandalas oder zur grundlegend erleuchteten Struktur unseres Lebens werden zu lassen.

Heiligkeit ist nicht bloß eine Idee, sie ist eine Erfahrung. Über eine lebendige Vorstellung von Heiligkeit zu verfügen bedeutet, in allem ein Element von Kraft und Würde zu erfahren. Für den Kugelschreiber, den Sie verwenden, gilt das ebenso wie für Ihren Kamm, für den Gang unter die Dusche oder für eine Fahrt mit dem Auto. Die Vision des Kriegerseins und ein Element von Würde, beides ist in solch unscheinbaren Einzelheiten des Lebens enthalten. Himmel und Erde, sie vereinigen sich jede Augenblick: Im Kern besagt Heiligkeit genau das.

Selbst wenn Sie vielleicht das Gefühl haben, zahlreiche Situationen in Ihrem Leben seien schwierig oder sie entbehrten gar der Würde, wohnt nichtsdestoweniger der gesamten Welt ihrer Natur nach ein Gewahrseinspotenzial inne. Alle möglichen Herausforderungen und frustrierenden Situationen tauchen im Leben auf. Zu erkennen, dass solchen Frustrationen und Herausforderungen, dass auch allem Negativen immer ein Element des Heiligen zu eigen ist, darin besteht unsere Aufgabe. Heiligkeit zu würdigen heißt, den Himmel zu würdigen, an dem die große östliche Sonne zum Vorschein gebracht werden kann. Ist dagegen kein Himmel vorhanden, dann gleicht das dem Versuch, die große östliche Sonne auf einer Betonwand aufgehen zu lassen. Nicht gerade der Inbegriff von Würde!

Zuerst erleben wir ein Aufblitzen von Heiligkeit. Gehen wir dem dann weiter nach, stellen wir fest, dass dem Heiligen Sinn für Humor innewohnt. Humor bedeutet in dem Fall nicht, sich über die Welt lustig zu machen, sondern etwas zu entdecken, das einen zutiefst erfreut und sich durch eine Qualität von Leichtigkeit auszeichnet. Ein solches Verständnis von „Heiligkeit" kann uns in der Tat vor Angstattacken und vor Negativität schützen. Ein Gefühl von Wertschätzung und Heiligkeit bekräftigt und bestärkt unser ganzes Dasein. Falls die Angst dann versucht, sich wie eine Klette an uns dranzuhängen, findet sie so wenig Halt, dass sie ohne Weiteres an uns abgleitet.

Darüber hinaus gibt Heiligkeit unserem Leben Raum, Offenheit[5] für Erfahrungen. Denn ohne dieses Gefühl, Raum zu haben, überkommt uns eine Art Platzangst. Und damit bieten wir der Negativität Angriffsfläche, werden anfällig für sie. Die im Heiligen aufflackernde Großzügigkeit und Raum gebende Offenheit kann noch mehr Einfühlungsvermögen und Verständnis für die Beschaffenheit der Sonnenuntergangswelt, der entwürdigten Welt, wecken. So wird uns nicht nur deutlich, wie viel Leid die Menschen in jener Welt erfahren, sondern auch wie hässlich die ganze Szenerie ist. Wenn Sie sich das ansehen, können Sie sehr verständnisvoll sein, ohne sich an das Neurotische darin anzupassen. Insbesondere brauchen Sie sich aufgrund dieser Erfahrung nicht niedergeschlagen zu fühlen: Diese Welt hält Sie nicht gefangen, und Sie haben Alternativen anzubieten, mit deren Hilfe Sie nicht nur sich selbst befreien, sondern zugleich zur Befreiung der anderen beitragen können. Somit haben Sie doppelten Grund zur Freude.

Sie beginnen sehr klar zu sehen, was in die samsarische Welt, die Sonnenuntergangswelt hinein- und was aus ihr herausführt, weil in Ihnen und in Ihrer Welt solche Helligkeit herrscht. Heiliger Raum erlaubt Ihnen zu erkennen, wie Eleganz zu mangelnder Eleganz, wie Zuversicht zu Feigheit in Kontrast steht.

Das ähnelt einer Situation, in der heller Lichtschein in ein dunkles Zimmer fällt. Angesichts des hellen Lichts wird für Sie zugleich die ringsum vorhandene Finsternis erkennbar. Und je mehr Dunkelheit, je mehr Finsternis Sie sehen, umso heller wird das Licht.

Unbesiegbar ist der Krieger aus einem einfachen Grund: Die Welt seines Widersachers hat er in aller Klarheit und Vollständigkeit vor Augen. Da der Krieger die andere Welt schon so gut kennt, kann er weder angegriffen noch herausgefordert werden. Hier bewirkt der in Ihrem Dasein vorhandene Raum, dass Sie am Dasein der anderen Anteil nehmen, zugleich aber unbesiegbar sind. Unbesiegbarkeit muss keineswegs bedeuten, dass Sie nicht empfindsam sind. Vielmehr können Sie, eben weil Sie derart empfindsam, derart offen und unverfälscht sind, zugleich so hart sein wie ein Diamant.

An dem Punkt ist der Krieger sanftmütig wie ein Tiger, nicht wie ein Kätzchen. Ihre Sanftheit, Ihre Sanftmut, ist wahrhaft beherzt. Tatsächlich weiß Sanftmut, wie man etwas in die Welt hinausbrüllt oder es verkündet. Sanftmut bedeutet nicht, dass Sie über alle Maßen auf der Hut sind und Angst haben, Fehler zu machen. Vielleicht werden Sie mit zahlreichen Problemen konfrontiert. Die aber werden, sofern Sie eine echte Verbindung zur Heiligkeit der Welt haben, von allein ins Reine kommen.

Gleichzeitig bringt die Verwirklichung von Heiligkeit mehr Einsamkeit mit sich, jenes traurige und zarte Gefühl, über das wir bereits gesprochen haben. Es geht mit der Empfindung einher, dass nur Sie allein Ihre Welt kennen. Mit Ihren Mitmenschen über sie zu sprechen ist nur bis zu einem gewissen Punkt möglich. Stets beinhaltet Ihre Erfahrung Aspekte, die Sie nicht mit anderen teilen können, weil sie einfach nicht mitteilbar sind. Das gleicht einem Gefühl von unerwiderter Liebe, stellt allerdings nicht weiter ein Problem dar. Vielmehr ist es die Quelle des Heiligen. Zartheit bringt Ihre Erfahrung in ein Gleichgewicht, sodass Sie nicht das Gefühl haben, eine Rüstung zu tragen und sich gegen die Brust zu trommeln. Wenn man als Krieger Weisheit bekundet, geht dies stets mit Sanftheit und Traurigkeit einher.

20

Windpferd wachrufen

Über unser Menschsein sind wir höchst erfreut: Vor allem diese Idee inspiriert und beflügelt die Vision der großen östlichen Sonne. Die aufgehende Sonne hat die Eigenschaften einer noch in den Kinderschuhen steckenden Sonne, einer Teenager-Sonne. Demgegenüber steht die große östliche Sonne für die voll aufgegangene Sonne, wie sie sich etwa um 10 Uhr vormittags am Himmel zeigt. Wir sind höchst erfreut, zu sein, wer wir sind, und wir sind entzückt über die Situation, in der wir uns befinden. Das Zusammentreffen und Ineinandergreifen der Umstände, die uns an diesen Punkt in unserem Leben gebracht haben, wissen wir wertzuschätzen und zu würdigen.

Wie aber können wir, nachdem wir die große östliche Sonne entdeckt haben, diese Vision mit Leben erfüllen? Im ersten Schritt geht es einfach um grundlegendes Kriegerdasein: anzuerkennen, wer wir sind, was wir sind und wo wir sind. Solch ein Anerkennungs- und Erkundungsprozess kann an mancher Stelle Angst in uns auslösen und zahlreiche Fragen aufwerfen. Die Angst wird für uns zum Studienmaterial, und dieses bildet dann unsere Arbeitsgrundlage. Wir beginnen zu begreifen, dass uns gar nichts anderes übrig bleibt, als mit der Angst zu arbeiten, um schließlich über die Angst und die Zaghaftigkeit hinauszugelangen. Da unser Weg uns im Grunde gar keine andere Wahl lässt, gewinnt unsere Selbstwahrnehmung als Krieger zunehmend an Bedeutung. Kriegerschaft wird zu einem wesentlichen Bestandteil unserer Identität, und darüber hinaus werden wir zu Bürgern der Shambhala-Welt, der Welt des Kriegers.

Wie gehen wir von hier aus nun weiter voran auf dem Weg des Kriegers? Wir wecken Lungta, Windpferd. Das ist die Technik, mit der wir arbeiten. Die Windpferdpraxis gibt uns die Möglichkeit, Niedergeschlagenheit und Zweifel zu verjagen. Eine Art Aufmunterungsprozess kommt in Gang. Anders ausgedrückt: Lungta wachzurufen bewirkt, dass der lebendige Aspekt von Furchtlosigkeit und Zuversicht in unser Handeln Eingang findet.

Als Erstes nehmen Sie Ihren Platz ein. Damit beginnt dieser Prozess. Sie nehmen Ihren Platz in der Welt des Kriegers ein, in der heiligen Welt. Es geht darum, dass Sie herausfinden, wo der richtige Platz für Sie ist. Nur Sie allein können wissen, wo diese magische Stelle sich befindet. Weder intellektuelle Spekulation noch wissenschaftliche Forschung helfen da weiter. Ebenso wenig lässt sich der richtige Platz durch Einsatz von Technologie finden. Stattdessen machen Sie sich schlicht und einfach die Einstellung zu eigen, ein Kriegerdasein zu führen. Sobald Sie die Körperhaltung des Kriegers eingenommen haben, fühlen Sie sich auf die Sie umgebende Welt hin ausgerichtet. Osten ist die Richtung, in die Sie blicken. Der Süden liegt zu Ihrer Rechten, der Westen hinter Ihrem Rücken, der Norden links von Ihnen.

Hierbei handelt es sich weder um geographische Richtungsangaben, noch basiert diese Ausrichtung auf anderweitig wissenschaftlich fundierten Grundlagen. Vielmehr ist sie intuitiv. Wenn ich zum Beispiel mit jemandem spreche, ist mein Osten der betreffenden Person zugewandt, während ihr Osten sich mir zuwendet. Wir begegnen uns also im Osten. Wo immer man einander begegnet, geschieht dies im Osten, den wir an dieser Stelle als den *großen Osten* bezeichnen könnten. Dort schaut man nach vorn. Das trifft auf viele menschliche Aktivitäten zu: essen, Liebe machen, gehen. Stets gehen Sie Richtung Osten. Sie gehen vorwärts, gewöhnlich jedenfalls; wenn Sie essen, steht das Essen vor Ihnen; und wenn

Sie mit jemandem sprechen, sind Sie der oder dem Betreffenden im Allgemeinen zugewandt. Darin drückt sich die nach vorn gerichtete Vision aus.

Nachdem Sie den magischen Platz eingenommen haben, sollten Sie den Thron des Herrschers herrichten. Damit tragen Sie dem Umstand Rechnung, dass Sie Lungta nicht für sich allein wachrufen, sondern dies als Teil einer größeren Gesellschaft tun. Damit es eine Gesellschaft geben kann, muss in einem gewissen Sinn Führung vorhanden sein. Symbolisch bringt dies der Thron des Herrschers zum Ausdruck. Als Krieger gehören Sie zum Volk der großen östlichen Sonne, Sie sind ein Bürger dieser Welt. Indem Sie den Thron des Königs oder der Königin herrichten, stellen Sie zu solch einem Verständnis einer größeren Gemeinschaft oder Gesellschaft eine Verbindung her. Im eigenen Leben können Sie der Herrscher beziehungsweise die Herrscherin sein. In der größeren Gesellschaft sind Sie ein integraler Teil des gesamten Mandalas.

Der nächste Schritt innerhalb des Prozesses zur Weckung von Lungta ist die kontemplative Betrachtung der großen östlichen Sonne. Ihren Platz in der Welt einzunehmen hat eine fast schon physisch wahrnehmbare Wirkung. Daraus erwächst sehr viel Energie, und Sie überkommt das Gefühl, dass Sie die große östliche Sonne *sind.* Solch eine Ausstrahlung und Brillanz verspüren Sie, dass es eine fast schon überwältigende Erfahrung von Lichtglanz ist. Diese kann länger andauern oder möglicherweise auch nur aufblitzen. Überkommt Sie ein derartiges Gefühl, so sollten Sie bei diesem jedenfalls nur kurz verweilen. Tippen Sie die Energie nur ein wenig an, ohne in ihr zu schwelgen oder eine große Geschichte daraus zu machen. Berühren Sie sie einfach nur.

Dann spüren Sie, dass Sie zu einer größeren Energie in Kontakt treten, zu etwas, das über Ihr persönliches Dasein oder über solche Dinge wie Ihre gesellschaftliche Stellung hinausreicht. Sie spüren, dass Sie nun zu Ihrem Erbe, zur gesamten Tradition der Kriegerschaft, Zugang erhalten. Und so haben Sie an dem Punkt das Gefühl, die Shambhala-Linie der Kriegerkönige und -königinnen willkommen zu heißen: Sie laden sie zu sich ein, damit sie Ihre Zeugen sind, wenn Sie Lungta wachrufen; oder damit sie sich sogar ein Urteil darüber bilden können.

Mit anderen Worten: Sie haben das Gefühl, eine legitime Erfahrung zu machen, frei von allem aufgesetzten Gehabe. Was Sie tun, ist wohlüberlegt, präzise, klar und real. Es mag leer sein im buddhistischen Sinn, in dem jegliche Erfahrung leer ist. Doch dies ist wahrhaftige Leerheit, wahrhaftige und kraftvolle Vorstellungskraft – oder Visualisation, wie wir ebenfalls sagen könnten.

Nachdem Sie alle Vorbereitungen getroffen und die Gäste, oder Zeugen, eingeladen haben, sind Sie tatsächlich bereit, augenblicklich Lungta, Windpferd, zu wecken oder wachzurufen. Was wir hier wachrufen ist ein Wind*pferd*, ein Pferd der ganz besonderen Art. Pferde sind wundervolle Tiere. Jede Pferdeskulptur ist ein heiliges Symbol. Pferde verkörpern jene kühnen Menschheitsträume, die wir Menschen gern einfangen würden. Der Wunsch, ein wildes Tier, den Wind, eine Wolke oder den Himmel einzufangen – all das wird durch die Darstellung des Pferds versinnbildlicht. Falls Sie am liebsten auf Bergen reiten oder mit Wasserfällen tanzen würden, findet all das in der Symbolik des Pferds seinen Ausdruck. Seine reale physische Gestalt – sein Hals, die Ohren, das Gesicht, der Rücken, die Muskeln, die Hufe, der Schweif – ist das Idealbild von etwas Romantischem, von etwas Energiegeladenem, von etwas Wildem, von etwas, das wir gern einfangen würden. Uns dient das Pferd hier als Analogie für solch eine Energie und für all diese Träume.

Dieser Prozess, das Wachrufen von Lungta, lässt sich in drei Phasen unterteilen. Die erste Phase zeichnet sich durch einen *freudvollen, von Zweifel freien Geist* aus. Wenn Sie ein Pferd reiten und entspannt mit seinen Bewegungen mitgehen, merken Sie, dass Sie sich tatsächlich auf dem Gipfel des Lebens voranbewegen. Es ist ein Gefühl des Eroberns und gleichzeitigen Erobertwerdens. Genau in dem Moment, in dem Sie auf dem Pferd sitzen, schwingt keinerlei Traurigkeit mit, und es besteht kein Zweifel, dass Sie auf dem Gipfel des Universums angelangt sind – Sie beherrschen die Welt. Gleichzeitig müssen Sie selbstverständlich auf die Zügel achtgeben, ebenso auf Ihre Haltung, Sie müssen auf dem Pferd Ihr Gleichgewicht wahren und viele weitere Faktoren beachten. Dennoch werden Sie unweigerlich einräumen, dass Sie den eigenen Geist gerade unübertrefflich gut meistern. Da ist beinah so etwas wie ein geradezu militärisch anmutendes Gefühl von Stärke und Präsenz mit im Spiel; und vielleicht zusätzlich ein majestätisches Gefühl.

Nun stehen Sie in Kontakt mit einer gänzlich anderen Energie. Beide, Pferd und Reiter, führen ganz offenkundig ein je eigenes Dasein. Sie sind ein Mensch, und das Pferd ist ein Pferd. Trotzdem kann eine gewisse Verbindung hergestellt werden. Bei einem Ritt auf dem Pferd erleben Sie ein Einssein, zumal wenn Sie ein guter, von Zweifel freier Reiter sind.

Für das Reiten auf Ihrem Geisteszustand, Ihrem Seinszustand, gilt das gleiche. Alle möglichen Zweifel sind vorhanden: Selbstzweifel, Zweifel an anderen Menschen, Zweifel an der Situation. Wenn Sie Ihr Pferd reiten, haben Sie womöglich Zweifel in Bezug auf das Pferd, in Bezug auf das Gelände und in Bezug auf die eigene Fähigkeit, dieses spezielle Pferd zu reiten. Insgesamt besteht dennoch ein Zusammengehörigkeitsgefühl oder ein Gefühl des Einsseins. Grundsätzlich kann Zweifelsfreiheit sich dann einstellen, wenn Sie auf dem Pferd des Geistes in angemessener Weise Platz genommen haben.

Die zweite Phase der Sehnsucht nach dem Pferd, dem Windpferd, ist durch einen *Geist wahrhaftiger Traurigkeit* gekennzeichnet. Nachdem Ihr Zweifel vollständig überwunden ist, haben Sie jetzt auf dem Pferd Platz genommen, und Sie sind *da*, richtig da, das fühlen Sie.

Zugleich könnte ein klein wenig Frustration vorhanden sein, weil Sie sich wünschen, dass Sie noch weiter gehen könnten. Sie wünschen sich, das Pferd so gut, so mühelos reiten zu können, dass Sie ans Reiten überhaupt nicht zu denken bräuchten, sondern mühelos mit dem eigenen Geist arbeiten könnten. Auf eine Frustration solcher Art geht die Vorstellung von Traurigkeit zurück.

Ihre Traurigkeit ist beinahe eine Art Nostalgie, obwohl das nicht ganz der richtige Ausdruck ist. Nostalgie bedeutet, eine Sehnsucht nach Vergangenem zu verspüren. Hier handelt es sich jedoch um einen Wunsch nach Gegenwart. Ihr Herz schmerzt. So sehr möchten Sie mit jemand anderem teilen, was sich in Ihrem Geist abspielt. So groß ist Ihr Wunsch nach einer vollkommenen Kommunikation mit jemand anderem. Jede/r wünscht sich das, vor allem Verliebte; oder Menschen, die wütend sind. Gewöhnlich ist es indes ein Ding der Unmöglichkeit. Solch eine Kommunikation vollzieht sich nur in Gesten. Vieles lässt sich mit Worten nicht sagen. Und nichts ist für uns Menschen frustrierender als das.

Wenn wir hier von Traurigkeit sprechen, tun wir das im Kontext unserer Hingabe an den Weg des Kriegers und die Shambhala-Welt. Dem Erbe grundlegender Gesundheit, das uns gezeigt wurde, fühlen wir uns sehr stark verpflichtet. Entsprechend groß ist unser Wunsch, dies zum Ausdruck zu bringen. Zu gern würden Sie für sich in Anspruch nehmen, ein wahrer, unverfälschter, erleuchteter Krieger zu sein, in Ihrem Daseinszustand solch einen Krieger verkörpern. Doch es gelingt Ihnen nur unvollständig.

Diese Traurigkeit geht zugleich mit Freude einher. Die freudvolle, erhebende, ja fast schon überheblich anmutende Erfahrung, die mit dem Ritt auf diesem speziellen Pferd verbunden ist, verschafft Ihnen ein so bemerkenswertes Wohlbefinden. Trotzdem mischt sich in die Gutheit stets eine Spur Traurigkeit. Es handelt sich um wahrhaftige Traurigkeit, im Unterschied zu einer zur Schau gestellten oder einer aus Verzweiflung hervorgegangenen Traurigkeit. Windpferd berührt Ihr Herz. Denn es ist so wirklich. In diesem Geisteszustand überkommt den Krieger ein Gefühl, als lasse er oder sie einen Drachen am Himmel aufsteigen. Und während der Drache durch die Luft segelt, ist seine Schnur mit einem Haken an Ihrem Herzen festgemacht. Sie reiten also Ihr Pferd, lassen Ihren Drachen steigen, und der Haken am Ende der Leine berührt währenddessen Ihr Herz.

Darüber hinaus zeichnet sich die dritte Phase der Sehnsucht dadurch aus, dass Sie *plötzlich frei von geistiger Fixierung* sind. Sie geben jedweden Versuch auf, sich rückzuversichern oder Bestätigung zu erhalten.

Von geistiger Fixierung frei zu sein bedeutet: Es gibt keine Rückmeldung. Sie versuchen nicht, zwecks Bestätigung der eigenen Erfahrung Beweismaterial zusammenzutragen oder ein schlüssiges Gedankengebäude zu errichten. Sie haben die kraftvolle Empfindung, die höchste Stufe der wahrhaftigen Traurigkeit und von Zweifel freien Freude zu erleben. In Ihrem Geist gibt es keinerlei unbewusstes Geschwätz. Der Geist kommt gänzlich zum Stillstand, einfach zum Stillstand, im positiven Sinn. An dieser Stelle wäre der Versuch, unbewussten Geist ins Leben zu rufen, problematisch. Daher besteht hier die Intention, dies zu durchtrennen, genauso wie wir es auch während der Sitzmeditation tun. Die Gedanken lassen wir los, auf natürliche Weise und wirkungsvoll. Weil Sie voll und ganz da sind, vollständig da, ist kein unbewusster Geist vorhanden.

Die Frucht, die aus dem Wachrufen von Lungta erwächst, wird durch den Weltenherrscher symbolisiert, der ein gebrochenes Herz hat. Aufgrund seines gebrochenen Herzens zeichnet solch ein Mensch sich zugleich durch Bescheidenheit aus. Er ist ein wirklicher Mensch. Gleichzeitig gibt es da sehr viel Präsenz, im positiven Sinn. In diesem Seinszustand fühlt man sich wie beim Blick auf den Meereshorizont. Den Übergang zwischen Ozean und Himmel genau auszumachen, ist kaum möglich. Und so sind Himmel und Erde eins.

Eine bessere Beschreibung des Erweckens von Lungta habe ich nicht anzubieten. Die Erfahrung selbst zu machen, daran führt kein Weg vorbei. Zu viel darüber zu reden ergibt wirklich keinen Sinn. In gewisser Weise ist es eine physische Erfahrung, andererseits hat sie aber auch psychologische Aspekte. Da Sie ein derart vortreffliches Pferd reiten konnten, haben Sie kurz einen Eindruck davon erhalten, wie es sein würde, das Universum zu erobern. Nicht um eine Eroberung des Universums unter dem Gesichtspunkt von Macht, Reichtum und Unterwerfung anderer Menschen, geht es uns hier. Wir sprechen nicht davon, sich gut zu fühlen, weil man jemand anderen die eigene Macht spüren lassen kann. Hier geht es weit mehr um das psychologische Geschehen. Wir beschreiben die letztendliche Erfahrung, sich gesund, ganz und wirklich zu fühlen. Nichts bleibt mehr zu erobern. Was es zu erobern galt, haben Sie vollständig erobert. Grundlegende Gutheit, Wahrhaftigkeit und Furchtlosigkeit – all die Qualitäten haben dort ihren Ursprung.

Resümee

In gewisser Hinsicht haben wir hier in diesem Buch über etwas ganz Einfaches und Vernünftiges gesprochen. Denn Freundlichkeit und Gesundheit zu propagieren scheint ja eigentlich eine klare Sache zu sein, fast schon eine Selbstverständlichkeit. Zugleich aber ist das etwas ziemlich Unerhörtes. Und je eingehender Sie sich mit der Weisheit von Shambhala vertraut machen, umso mehr erschließt sich Ihnen der unerhörte Aspekt dieser Unterweisungen.

Ohne ein gewisses Maß an Erfahrung in der Praxis der Sitzmeditation, werden Sie es wahrscheinlich schwierig finden, aus dem, was ich hier in Worte zu fassen versucht habe, einigermaßen schlau zu werden. Und entsprechend schwer wird es Ihnen dann fallen, das hier Dargelegte in den Alltag zu integrieren und es dort zu entfalten. Sich hinzusetzen und zu meditieren stellt jedenfalls eine der besten Möglichkeiten dar, Ihr Verständnis zu entwickeln und es zur Anwendung zu bringen. Meditation ist eine ganz wichtige Disziplin, die es zu kultivieren gilt.

Wenn Sie sich in dieser Disziplin üben, werden Sie möglicherweise bei sich selbst und in der Gesellschaft zahlreiche Probleme erkennen. Aber bitte, begegnen Sie weder sich selbst noch Ihrer Welt mit Ablehnung. Über die innere Qualität des Verzichtens haben wir bereits gesprochen. Damit ist freilich nicht gemeint, dass Sie sich aus der Welt zurückziehen sollen. Verzicht bedeutet hier: auf das kleinmütige Anhaften an Privatheit zu verzichten. Sie dürfen sich ruhig ins Leben stürzen, können sich voll auf das Leben einlassen. Und während Sie sich auf Ihrem Lebensweg auch weiterhin durch Furcht und Furchtlosigkeit hindurchbewegen, vergessen Sie bitte nicht, Ihre Welt wertzuschätzen!

Zunächst müssen Sie sich selbst entwickeln; anschließend können Sie darangehen, mit anderen zu arbeiten. In der Shambhala-Tradition überstürzen wir freilich nichts. Solange wir nicht die Gewissheit haben, dass wir von Grund auf stark, durchtrainiert und bei guter Gesundheit sind, legen wir uns als Krieger keine Rüstung an, um gegen die untergehende Sonne ins Feld zu ziehen. Vor allem wissen wir eins: Wir verfügen über unbedingte Zuversicht, sodass wir auf eigenen Beinen stehen können, ohne auf irgendwelche Tricks und Kniffe zurückzugreifen. Darüber hinaus stellen wir sicher, dass die Hilfsmittel, von denen wir Gebrauch machen, und die Rüstung, die wir anlegen, gut gearbeitet sind. Die Rüstung aus Freundlichkeit und Furchtlosigkeit passt wie angegossen und ist so vollkommen geschmeidig, dass sie uns unterstützt, statt in irgendeiner Hinsicht gegen uns zu arbeiten.

Bei der Erörterung menschlicher Kriegerschaft greifen wir zwar auf viele anschauliche Analogien aus dem Bereich von Kampf und Kriegsführung zurück. Dennoch hat die Tatsache, ein Krieger in der Shambhala-Tradition zu sein, mit der gewöhnlichen Aggression und den Kriegen dieser Welt rein gar nichts zu tun. Wer genügend Mut aufbringt, ein friedfertiges Leben in der Welt zu führen, ist ein Shambhala-Krieger.

Mut benötigt man in jeder Lebensphase. Falls sich, aus welchem Grund auch immer, ein Neugeborenes scheut, von der Mutterbrust zu trinken, müssen wir dem Kleinen behilflich sein, damit es zu dieser Welt in Verbindung treten kann. Es muss ein Krieger sein, damit es sich nicht selbst den Zugang zu seiner Nahrungsquelle in der Welt versagt. Zwar mag es also für das Kriegerdasein die unterschiedlichsten Szenarien geben, in jedem Fall aber lautet die allgemeinste, die grundlegendste Definition von Kriegerschaft: Gutheit wahrnehmen, sie voll in den eigenen Lebensalltag einbeziehen und weiter kultivieren.

Wenn wir über solch vermeintlich fortgeschrittene Themen wie die Vereinigung von Himmel und Erde oder das Wachrufen von Lungta sprechen, sollten wir uns stets vergegenwärtigen, dass auch solche Unterweisungen einfach nur die uns innewohnende Natur – Gutheit, die ganz und gar frei ist von Aggression – zum Vorschein bringen. Sobald Aggression entsteht, verlieren Sie Ihre Zuversicht und Energie. Sie werden schwach, auf störrische Art und Weise selbstbezogen und wütend. Entsteht hingegen kein Ärger, können Sie sich aufrichten und entfalten. Und dann stellen Sie fest: Das Leben bietet allen Grund, humorvoll und heiter zu sein.

Echte Furchtlosigkeit erwächst aus solch einer Verbindung zu grundlegendem, unbedingtem *Gutsein.* Mit Gutsein meinen wir hier lediglich, dass Sie einfach Sie selbst sind. Akzeptiert man sich selbst – und versucht nicht, ein übertrieben würdevolles und religiöses Verhalten an den Tag zu legen –, führt das dazu, dass Sie mit Körper, Rede und Geist Zuversicht zum Ausdruck bringen und wohlgemut sind. Werden durch die Praxis der Sitzmeditation Gutheit und die damit einhergehenden positiven Qualitäten wachgerufen, dann üben Sie sich darin, eine gute Körperhaltung einzunehmen und Geist und Körper miteinander in Einklang zu bringen. Grundlegendes Gutsein und die damit verbundenen Qualitäten entfalten sich dann ganz selbstverständlich – in dem, was Sie sagen, wie auch in allen weiteren Lebensbezügen. Und in Ihrer Arbeit mit anderen Menschen wird sich Wahrhaftigkeit bekunden.

Wahrhaftig sein heißt, auf Aggression zu verzichten und sich selbst treu zu bleiben. Viele von uns fühlen sich von ihrer Aggression, ihrem Schmerz und Elend regelrecht attackiert. Nichts von alldem stellt jedoch in besonderer Weise ein Hindernis dar. Um anzufangen, müssen wir lediglich Freundlichkeit entwickeln: zunächst zu uns selbst freundlich sein und dann auch zu andern. Dieser Ansatz mag ausgesprochen einfältig klingen. Und das ist er tatsächlich. Zugleich lässt er sich allerdings nur *sehr* schwer in die Tat umsetzen.

Schmerz oder Leid rufen Chaos, Angst und Unmut hervor. All das gilt es zu überwinden. Eine höchst simple Logik: Sobald wir das

Leid überwinden können, entdecken wir die uns innewohnende Freude. Der Welt und uns selbst gegenüber sind wir dann weniger voreingenommen. Wenn wir grollen, sind wir woanders, da unsere Gedanken von etwas anderem in Anspruch genommen werden. Ein Krieger zu sein bedeutet, einfach hier zu sein, unabgelenkt und ohne Vorurteil. Indem wir hier sind, werden wir heiter und unbeschwert. Wir können unserer Angst ein Lächeln schenken.

Furchtlosigkeit ist daher nicht nur das naive Produkt aus überwundener oder bezwungener Angst. Für den Krieger ist Furchtlosigkeit ein positiver Seinszustand voller Freude, heiterer Unbeschwertheit und mit einem Glitzern in den Augen. Mahatma Gandhi beispielsweise hat Furchtlosigkeit und die damit einhergehenden inneren Qualitäten verkörpert. Er hat alles drangesetzt, Indien zur Unabhängigkeit zu verhelfen. All die Hindernisse, all die Probleme hat er akzeptiert, und jede sich bietende Gelegenheit, die Unabhängigkeit mit gewaltfreien Mitteln zu erringen, hat er genutzt.

Im eigenen Leben kann man solchen Mut in einer gemilderten, in einer gewissermaßen abgespeckten Form praktizieren. Furchtlos können wir werden, indem wir zu Übereinstimmung mit uns selbst gelangen, sanft und wagemutig leben. Das wird uns freilich nur gelingen, wenn wir stets unseren Sinn für Humor behalten, in jeder Lebenslage.

Wann immer Zweifel aufkommt, markiert dieser eine nächste Stufe in Ihrer Entwicklung. Der Zweifel sagt Ihnen, dass Sie eine weitere Stufe erklimmen müssen. Jedes Mal, wenn ein Hindernis auftaucht, gehen Sie einen Schritt weiter, über das Hindernis hinaus, Schritt für Schritt. So gehen oder vielleicht springen Sie Stufe für Stufe, bis Sie die große östliche Sonne erblicken.

Gleich von Anfang in die große östliche Sonne hineinzuschauen würde ich Ihnen nicht empfehlen. Das Licht könnte Sie blenden. Ebenso wenig würde ich Ihnen allerdings raten, die ganze Zeit eine Sonnenbrille zu tragen. Stattdessen können Sie im Schatten der Furchtlosigkeit ganz allmählich Gefallen finden an dem Licht, das von der großen östliche Sonne ausstrahlt, und dann können Sie auch würdigen, wie sie die Farben um Sie herum zum Leuchten bringt.

Langsam, aber sicher werden Sie dann tatsächlich in die große östliche Sonne blicken können, ohne geblendet zu werden. Das ist der Weg des Kriegers, und auf diese Weise können wir die Angst bezwingen.

Möglicherweise werden Sie sich einsam fühlen auf Ihrer Reise. Dennoch sind Sie nicht allein. Falls wir untergehen, werden Sie, Ihre Mitstreiter und ich gemeinsam untergehen. Und wenn wir aufstehen, dann stehen wir gemeinsam auf. Sie haben also stets Weggefährten, selbst wenn wir einander persönlich nie begegnet sein sollten.

In der Shambhala-Tradition vergießen wir viele Tränen, weil unser Herz so berührbar ist. Und wir kämpfen gegen die untergehende Sonne, weil grundlegendes Gutsein es unserer Auffassung nach verdient, sich dafür stark zu machen, sozusagen für es zu kämpfen.

Unsere Hindernisse können wir überwinden. Daher sollten wir uns nicht scheuen, Tränen zu vergießen und zu kämpfen, solange wir wissen, dass das Weinen des Kriegers eine andere Art von Weinen und die Schlacht, die solch ein Krieger schlägt, eine Schlacht der anderen Art ist.

Als aggressionsfreier Krieger sind Sie furchtlos und gut. Im Grunde können Sie gar nichts falsch machen. Also bitte: Kopf hoch! Noch im allerdunkelsten Zeitalter der Finsternis ist stets Licht vorhanden. Und zu diesem Licht gehört ein Lächeln, das Lächeln von Shambhala, das Lächeln der Furchtlosigkeit, das Lächeln, welches das Beste unseres menschlichen Potenzials verwirklichen kann. Sämtliche Unterweisungen, das Herzblut von Shambhala, gehören Ihnen. Wir alle sind Teil derselben Menschheitsfamilie. Lassen Sie uns miteinander lachen und miteinander weinen.

Furchtlosigkeit und Freude sind wahrhaftig dein!

Bei einem Geschenk aus der Hand eines Kriegerkönigs
könnte es sich um eine offene Flamme handeln,
die den Wildwuchs des Ego in Rauch aufgehen lässt,
oder um eine eisig kalte, die Hitze der Aggression
abkühlende Gebirgskette.
Andererseits könnte es ein Fallschirm sein.
Wird er sich öffnen oder nicht, mag man sich fragen.
Es gibt noch eine weitere Möglichkeit – den Blitzschlag.
Ob du nun imstande bist, ihn in der bloßen Hand zu halten,
hängt von dir ab.
Kind meines Herzens, nimm diese Geschenke also an, und
nutze sie,
so wie Krieger es früher bereits getan haben.

Nachwort der Herausgeberin

Der Angst ein Lächeln schenken ist der letzte von drei Bänden, in denen Chögyam Trungpa Rinpoche die Shambhala-Lehren darlegt. Am ersten dieser drei Bücher, *Shambhala: The Sacred Path of the Warrior,*[6] habe ich sehr intensiv mit dem Autor zusammengearbeitet. Damals habe ich zum ersten Mal als hauptverantwortliche Herausgeberin die Veröffentlichung eines für das breite Publikum bestimmten Buches von Chögyam Trungpa Rinpoche betreut. Im Rückblick verwundert es, dass er mir die redaktionelle Bearbeitung des Materials zugetraut hat. Denn für eine derartige Aufgabe war ich reichlich jung und unerfahren. Vermutlich traf dies zu jener Zeit auf all seine Schüler zu. Dank seiner schöpferischen Genialität, seiner Anleitung und der vielfältigen Rückmeldungen, die ich auch von anderen Menschen erhalten habe, führten die Bemühungen indes zu einem recht ordentlichen Resultat. 1984 war das Erscheinungsjahr des Buches. Es fand gute Resonanz, und es findet sie bis heute.

Der Erfolg des ersten Bandes verlieh mir, nachdem Chögyam Trungpa 1987 gestorben war, das nötige Selbstvertrauen, manches aus dem reichen Fundus des verbliebenen Materials für eine spätere Veröffentlichung zu bearbeiten. Mit Unterstützung von Shambhala Publications, Boston/Massachusetts, erschien 1999 das zweite Buch über die Shambhala-Lehren: *Great Eastern Sun: The Wisdom of Shambhala.*[7] An dessen Text bin ich mit leichterer Hand herangegangen – in der Hoffnung, so könne die Energie der ursprünglichen Darlegungen gewahrt bleiben.

Zehn Jahre später ist nun *Smile at Fear* (*Der Angst ein Lächeln schenken*) veröffentlicht worden. Sein Thema, Angst und Furchtlosigkeit, wurde erstmals in *Das Buch vom meditativen Leben* dargelegt, und die Verbindung von Furchtlosigkeit mit einem berührbaren und traurigen Herzen zählt zu den darin häufig angesprochenen Aspekten. Auf jeder Stufe der Shambhala-Unterweisungen, zu dieser Einsicht bin ich im Laufe der Jahre gelangt, ist Furchtlosigkeit nicht nur ein wesentliches Element, sondern Rinpoche hat sie vielfach sogar als deren Kern oder als ihr Herz bezeichnet. Das brachte mich auf den Gedanken, die Unterweisungen zur Frage von Angst und Furchtlosigkeit in den Blickpunkt des dritten Bandes zu rücken. Und schaut man sich an, welchen Lauf die Ereignisse in den letzten zehn Jahren genommen haben, gewinnt man durchaus den Eindruck, genau diese Unterweisungen könnten für die Menschen unserer Zeit von größtem Nutzen sein. Wie es sich so traf, stammten viele davon aus Vorträgen, die noch gar nicht für eine Veröffentlichung bearbeitet worden waren. Rinpoche hat, wie so oft in seinem Leben, anscheinend einmal mehr mit verblüffender Weitsicht und Präzision gewusst, welche Hilfsmittel wir benötigen würden, um mit der Erfahrungswelt des 21. Jahrhunderts arbeiten zu können. Er hat diese Hilfsmittel – oder Waffen, wie ein Krieger wohl eher sagen wird – in die Shambhala-Unterweisungen eingebettet, damit sie, sobald Bedarf bestünde, gleich verfügbar sein würden.

Für diesen Band habe ich auf ganz unterschiedliches Material zurückgegriffen. Im Einzelnen erhalten Sie darüber anschließend im Quellenverzeichnis Aufschluss. In Abstimmung mit Eden Steinberg, meiner Lektorin bei Shambhala Publications, habe ich beschlossen, beim Redigieren manches Wagnis einzugehen, um jederzeit einen stimmigen Gedankenfluss ohne Bruchstellen zu gewährleisten. Schließlich sollte das Buch sich als ein geschlossenes Ganzes lesen lassen, nicht wie eine Sammlung von Artikeln oder Vorträgen. Ferner ließ ich mich bei der Bearbeitung von dem Gedanken leiten, die für diese Unterweisungen so kennzeichnende Unmittelbarkeit und besondere Herzensqualität möglichst unbeeinträchtigt zur Geltung kommen zu lassen.

Während ich die Publikation der drei Bücher vorbereitete, hatte ich stets die vielfältigen Hinweise und Rückmeldungen im Sinn, die Chögyam Trungpa mir bei der Arbeit am ersten Band ganz unmittelbar gegeben hatte (eine detaillierte Darstellung all dessen können Sie in *The Collected Works of Chögyam Trungpa* finden, und zwar in der Einführung zum achten Band. Maßgeblich für den editorischen Ansatz, den ich bei *Der Angst ein Lächeln schenken* zugrunde gelegt habe, war Rinpoches Wunsch, mit diesen Büchern möglichst viele Menschen zu erreichen.

Wo es mir unumgänglich schien, ein erklärendes Wort oder einen Satz einzufügen, um den Gedankenfluss aufrechtzuerhalten, habe ich das getan. Allerdings habe ich die Worte des Autors mit großer Achtsamkeit und nur nach eingehender Erwägung durch eigene ergänzt.

Ebenso habe ich die eine oder andere Bezugnahme aktualisiert. Zum Beispiel hat Chögyam Trungpa 1978 davon gesprochen, dass die Leute zu Dairy Queen gehen, um sich ein bisschen Ablenkung oder Unterhaltung zu verschaffen. Hier habe ich stattdessen Starbucks eingefügt. Geschlechtsspezifische Zuordnungen sind ebenfalls dem heutigen Sprachgebrauch angeglichen worden. Meines Erachtens ist das ganz in Rinpoches Sinn. In seinen Shambhala-Seminaren hat er sich so manches Mal für einen kleinen Schlenker Zeit genommen, bloß um klarzustellen, dass mit „Krieger" zugleich mutige Frauen gemeint sind, keineswegs nur Männer.

Wenn Rinpoche Shambhala-Unterweisungen gab, hob er immer wieder hervor, welch hoher Stellenwert der Meditation zukommt und in welch hohem Maß das Verständnis der Unterweisungen, aber auch unsere innere Verbindung zu ihnen, aus der Praxis des Sitzens erwächst. In gewisser Weise können die Unterweisungen als eine Entfaltung, oder Ausdifferenzierung, der Praxis aufgefasst werden. Da seine Praxisanleitungen unverwechselbar, ja ganz schön ungewöhnlich waren und sind, insbesondere was die Betonung der Lücke und das Sich-Identifizieren mit dem Ausatmen anbelangt, hielt ich es für wichtig, dass seine Herangehensweise an die Meditation hier sehr klar dargelegt wird.

Man könnte probieren, lediglich auf Grundlage dieser Lektüre mit dem Meditieren zu beginnen. Rinpoche hat allerdings stets betont, wie wichtig es ist, sich persönlich zur Meditation anleiten zu lassen. Das Kapitel „Lektürevorschläge und andere Anknüpfungspunkte" gibt Ihnen darüber Aufschluss, wo Sie solch eine Meditationsanleitung erhalten können. Und für diejenigen Leser/innen, die bereits über Meditationserfahrung verfügen, werden Rinpoches Erläuterungen zur Praxis gleichfalls hilfreich sein, ganz bestimmt. Wie wir Meditation verstehen und wie wir sie im Einzelnen durchführen, nimmt auf die Wahrnehmung unseres Alltags ebenso Einfluss wie auf die Erfahrungen, die wir auf dem Meditationskissen machen werden. So steht, denke ich, auch die Tiefgründigkeit und Unmittelbarkeit der Shambhala-Unterweisungen durchaus nicht von ungefähr in einem Zusammenhang mit Chögyam Trungpas außergewöhnlichem Meditationsansatz.

Auf die Vorstellung vom Königtum – von einem König beziehungsweise einer Königin – als Metapher und Symbol hat Rinpoche immer wieder zurückgegriffen. Manche Leser/innen werden das vielleicht für ein etwas anachronistisches Bild halten, doch mit dieser Vorstellung wird das menschliche Streben nach einem guten, erhebenden und erfüllenden Leben angesprochen. In der Vajrayana-Überlieferung des Buddhismus erhält die/der Praktizierende in manchen Einweihungszeremonien zu Beginn einer Praxis eine Krone, ein Zepter und auch einen neuen Namen. Hier gibt es also Entsprechungen zu der von Trungpa Rinpoche eingeführten Vorstellung, dass Sie als König oder Königin zum Herrscher über Ihre Welt werden. Er hatte eine in gewisser Weise demokratische Auffassung von Monarchie. Denn im eigenen Leben kann nach seinem Verständnis jeder Mensch diese Rolle spielen.

Chögyam Trungpas Fähigkeit, in den Menschen das Beste zu erblicken, reflektiert die heilige Sicht, aus der er jeden Moment und jede Erfahrung im Leben betrachtet hat. Rinpoche hat Menschen, die mit ihm gearbeitet haben, tatsächlich als potenzielle Königinnen und Könige angesehen. Ich entsinne mich, wie Freunde mir eines Tages erzählt haben, dass er einen Abend damit zugebracht hat, ihnen zu beschreiben, welche Erscheinungsform jede/r von ihnen annehmen würde, *wenn* die oder der Betreffende zu einem Buddha geworden sei. Nicht falls, sondern wenn.

So hat auch sein Gebrauch der Kriegermetaphorik persönliche Erfahrung zur Grundlage. Mit den Auswirkungen, die Angst und Furchtlosigkeit auf das menschliche Dasein haben, war er aufs Innigste vertraut. Und er war aufrichtig daran interessiert, für uns nachvollziehbar zu machen, dass die Erfahrung von Angst und Furchtlosigkeit uns helfen kann, den Herausforderungen des Lebens mutig und entschlossen zu begegnen, statt die Angst als unseren Feind zu betrachten. In der Art und Weise, wie er selbst Risiken einging und seine Schüler dazu ermutigte, dies ebenfalls zu tun, hat sich das unübersehbar gezeigt. Wie er mich etwa ermutigt hat, als Herausgeberin von *Shambhala: The Sacred Path of the Warrior* (*Das Buch vom meditativen Leben*) den Sprung ins kalte Wasser zu wagen, das steht nur als ein kleines Beispiel dafür, welch ein Vertrauen er in seine Schüler gesetzt und wie er uns dazu gebracht hat, uns an Dinge heranzuwagen, die wir uns von allein – mögen wir noch so sehr den Wunsch in uns verspürt haben – nicht zugetraut hätten. Darin liegt, glaube ich, *ein* Grund, weshalb seine Schüler vielfach das Gefühl haben, kaum jemals so viel Gutes tun zu können, ihm die Güte, die er ihnen erwiesen hat, angemessen zu danken.

Dank

Zahlreiche Menschen haben daran mitgewirkt, das Material für *Der Angst ein Lächeln schenken* auf Band aufzuzeichnen und es anschließend niederzuschreiben. Insbesondere Tingdzin Otro hat viele Stunden damit verbracht, zuvor noch nicht verwendetes Material in Schriftform zu bringen, nachdem Gordon Kidd von den Shambhala-Archiven die zur Niederschrift benötigten Bänder zur Verfügung gestellt hatte. Den Bemühungen all dieser Menschen gebührt größte Wertschätzung. Überhaupt haben die Mitarbeiter/innen der Archive die umfangreichen Materialsammlungen, die sich in ihrer Obhut befinden, in höchst entgegenkommender Weise zugänglich gemacht. Ein Teil des hier verwendeten Materials lag zuvor bereits als Tonaufzeichnung, Niederschrift und im einen oder anderen Fall auch in einer redigierten Form vor, weil es in anderen Zusammenhängen Verwendung finden sollte. Der Dank für diese schon bei anderer Gelegenheit geleistete Arbeit geht unter anderem an: David Rome, Judith Lief, Sara Coleman, Helen Berliner, Barbara Blouin, Richard Roth, Paul Halpern, Robert Walker, Bruce Wauchope und Ned Nisbet.

Im Gefolge der Geschehnisse vom 11. September 2001 hat Melvin McLeod mich seinerzeit ermutigt, für die Zeitschrift *Shambhala Sun* einen Artikel von Chögyam Trungpa zum Thema Angst und Furchtlosigkeit zu redigieren. Aus diesem Anlass habe ich mich mit einem 1979 durchgeführten Seminar eingehend befasst. Für die Veröffentlichung in der *Shambhala Sun* habe ich das Material einer erneuten Bearbeitung unterzogen. Das wiederum brachte mich dazu, mir über das Buchprojekt in Gänze Gedanken zu machen. (Der Artikel aus der *Shambhala Sun* bildet hier das Kernstück der Unterweisungen.) Melvins Rolle als Genius, als inspirierende Kraft für die Bearbeitung dieses Materials, weiß ich wirklich zu schätzen.

Zahlreiche Leute bei Shambhala Publications haben zum Zustandekommen dieser drei Bücher ihren Teil beigetragen. Samuel Bercholz, Verlagsgründer und Hauptherausgeber, hat die Veröffentlichung aller drei Bände mitgetragen. Seine unverbrüchliche Verbindung zu dem Material hat das gesamte Projekt auf ein sicheres Fundament gestellt. Hazel Bercholz hat bei allen drei Bänden die Umschlaggestaltung übernommen und so eine kraftvolle Verbindung zwischen äußerem Erscheinungsbild und Bedeutungsgehalt geschaffen. Eine Grundlage dafür waren die Unterweisungen in der visuellen Umsetzung des Dharma, mit der sie seinerzeit vom Autor persönlich vertraut gemacht wurde. Emily Hilburn Sell war die ebenso geduldige wie beharrliche Lektorin von *Große Östliche Sonne – Die Weisheit von Shambhala*. Ihr Sinn für das Material wie auch ihre kritischen Anmerkungen waren von unschätzbarem Wert. Lektorin von *Der Angst ein Lächeln schenken* ist Eden Steinberg. In ihrem Verständnis des Textmaterials hat sie eine frische und unbefangene Sensibilität an den Tag gelegt. Den redaktionellen Bearbeitungsprozess weiß sie einerseits mit leichter Hand, andererseits mit bemerkenswerter Gründlichkeit zu lenken. Immer wieder stelle ich fest, wie dank ihrer Mitwirkung die Bücher, an denen wir gemeinsam arbeiten, an Qualität gewinnen. Peter Turner hat mir ebenfalls viel Mut gemacht und Ansporn gegeben. Kendra Crossen war intern als Herausgeberin für *The Collected Works of Chögyam Trungpa* verantwortlich und bei *Der Angst ein Lächeln schenken* als freie Korrekturleserin tätig. Dank ihres behutsamen Herangehens gepaart mit einem Blick für kleinste Unstimmigkeiten erfährt alles, woran sie arbeitet, unbestreitbar eine qualitative Verbesserung, mag sie auch für Außenstehende in gewisser Weise unsichtbar bleiben. Ebenso möchte ich Jonathan Green danken, der bei sämtlichen Büchern von Chögyam Trungpa für die Vergabe der Auslandsrechte, für vertragliche Angelegenheiten aller Art und für Genehmigungen zuständig ist. Ben Gleason danke ich für seine Beiträge zur redaktionellen Bearbeitung des Buches und Daniel Urban-Brown für die Gestaltung der amerikanischen Originalausgabe.

Nicht zuletzt möchte ich meinen Familienangehörigen danken, die mich bei meiner Tätigkeit als Herausgeberin im Lauf der Jahre auf vielfältige Weise unterstützt haben: angefangen damit, dass sie mich von finanziellem Druck entlastet haben, bis hin zu der noch weitaus wichtigeren seelischen und spirituellen Unterstützung, die sie mir haben zuteil werden lassen. Ganz besonders danke ich meinen – inzwischen verstorbenen – Eltern Edward und Evelyn Rose; meinem Mann James und meiner Tochter Jenny. Über meine biologische Familie hinausgehend habe ich meinen Dharma-Brüdern und -Schwestern viel zu verdanken. Zu der Arbeit, die ich leiste, haben sie mich auf so mancherlei Art und Weise ermutigt.

Rinpoches Familie hat die Publikation dieser Arbeit über viele Jahre hinweg unterstützt. Ihnen allen gilt mein Dank. Diana Mukpo, die Witwe des Autors, ermutigt uns nach wie vor, weitere Werke Chögyam Trungpas zu veröffentlichen. Die Aufmerksamkeit, mit der sie die Dinge im Blick behält und die Unterweisungen schützt, war für mich von großer Bedeutung; ebenso die Güte und die Freundschaft, die sie mir entgegengebracht hat. Rinpoches ältester Sohn Sakyong Mipham Rinpoche sorgt als Buddhist und Shambhala-Linienhalter für eine Kontinuität in der Darlegung der Shambhala-Lehren seines Vaters. Die Unterweisungen, die er gibt, zeugen von dieser Verbindung. Für sein Engagement und für seine Unterstützung danke ich ihm. Die „älteren Semester" unter Trungpa Rinpoches Schülern tragen sein Vermächtnis auf vielerlei Art und Weise weiter. Und, ganz wichtig, immer wieder entdecken neue Schüler Chögyam Trungpas Werk und machen sich die Weisheit von Shambhala zunutze.

Vor Chögyam Trungpa persönlich, dem ebenso tiefgründigen wie strahlend klaren Lehrer, verneige ich mich mit einer tiefen Shambhala-Verbeugung. Möge die Welt die frische Brise der Gutheit und Beherztheit atmen, die deinen Lippen entströmt und die Schleier der Unwissenheit von uns weichen lässt. Mögen wir das Lächeln von Shambhala, das zugleich dein Lächeln ist, auf den Gesichtern all derer sehen können, denen wir begegnen. Wie könnte es möglich sein, sich für das Geschenk, das wir in Form dieser Unterweisungen erhalten haben, angemessen zu bedanken? Mögen wir uns im Leben und im Tod auf sie stützen. Mögen sie alle empfindenden Wesen vor den in Kampf und Widerstreit verstrickten Übeln der untergehenden Sonne bewahren.

Carolyn Rose Gimian
Halifax, Neuschottland

Quellen

Das Motto auf S. 7 ist ein Zitat aus „Mirrorlike Wisdom" („Spiegelgleiche Weisheit") in *Great Eastern Sun,*[8] p. 75. © 2001 by Diana J. Mukpo. Wiedergabe mit freundlicher Genehmigung.

Teil eins basiert in erster Linie auf „Warriorship in the Three Yanas" („Kriegerschaft in den drei Yanas"), einem bislang nicht publizierten Seminar, das vom 22.-27. August 1978 im Rocky Mountain Dharma Center (heute Shambhala Mountain Center) stattgefunden hat. Zu den sekundären Quellen zählt der „Dathun-Brief", ein unveröffentlichter, aus Vorträgen der frühen Siebzigerjahre zusammengestellter Artikel über Meditation, den die Teilnehmer/innen eines Dathun, eines einmonatigen Meditationsprogramms, zu Beginn erhalten haben; ferner Vortrag eins des im Sommer 1978 im Naropa Institute (heute Naropa University) veranstalteten Seminars „Der Shambhala-Krieger"; des Weiteren Vortrag eins eines Seminars über Meditation vom 12. Juni 1974 im Naropa Institute. Kapitel 7, „Die Erziehung zum Krieger", basiert auf Material in *The Collected Kalapa Assemblies: 1978-1984* (Vajradhatu Publications, Halifax/Nova Scotia 2006), p. 133-138. Wiedergabe mit freundlicher Genehmigung. Kapitel 8, „Gewaltlosigkeit", wurde ursprünglich veröffentlicht als „The Martial Arts and the Art of War" („Die Kampfsportarten und die Kriegskunst") in *The Collected Works of Chögyam Trungpa*, Vol. 8, p. 413-419. © 2004 by Diana J. Mukpo. Wiedergabe mit freundlicher Genehmigung.

Die Kapitel 9-11 in Teil zwei geben, leicht überarbeitet, den Artikel „Conquering Fear" („Die Angst besiegen") wieder, der 2002 in der März-Ausgabe der Zeitschrift *Shambhala Sun* veröffentlicht worden ist. © 2002 by Diana J. Mukpo. Wiedergabe mit freundlicher Genehmigung. Ebenso findet man diese Kapitel in *The Collected Works of Chögyam Trungpa*, Vol. 8, p. 394-407. Die Kapitel 12-14 sind in überarbeiteter Form aus unveröffentlichten Vorträgen zusammengestellt worden, die Chögyam Trungpa 1982 und 1983 im Rahmen des Shambhala-Trainingsprogramms gehalten hat. Die diversen Seminare hießen schlicht und einfach Stufe B/F oder Stufe F. Die Seminartitel stehen in keiner Entsprechung zu den heutzutage im Kontext dieses Programms gebräuchlichen Bezeichnungen.

Bei Teil drei handelt es sich um eine neu redigierte Fassung von 1978 vor den Leitern des Shambhala-Trainingsprogramms gehaltenen Vorträgen.

Das Resümee basiert auf Material aus den zuvor erwähnten Stufe B/F- und Stufe F-Seminaren. Darüber hinaus stammt ein geringer Teil des Materials aus *Great Eastern Sun: The Wisdom of Shambhala*, © 2001 by Diana J. Mukpo. Wiedergabe mit freundlicher Genehmigung.

„Furchtlosigkeit und Freude sind wahrhaftig dein!" ist ein Auszug aus einem längeren unveröffentlichten Gedicht, das Chögyam Trungpa als Geburtstagsgruß an den Vajra-Regenten Ösel Tendzin geschrieben hat. Verfasst hat er den Text am 20. August 1981.

Lektürevorschläge und andere Anknüpfungspunkte

Lektürevorschläge

Zwei weitere Bücher von Chögyam Trungpa beschreiben den Shambhala-Weg der Kriegerschaft: *Das Buch vom meditativen Leben*[9] und *Große Östliche Sonne.*[10] Ergänzend dazu gibt es ein 53 Losungen umfassendes Karten-Set; es hilft bei der Besinnung auf die Frage, wie wir in angemessener Weise an uns selbst und mit anderen Menschen arbeiten können.[11]

Herzensgüte und Mitgefühl mit allen empfindenden Wesen zu entwickeln, uns selbst inbegriffen, schafft die Grundlagen, auf denen wir in der Arbeit mit anderen Menschen den eigenen Geist schulen können. Vor diesem Hintergrund werden in *Erziehung des Herzens*[12] 59 auf die Meditationspraxis bezogene Thesen oder Losungen dargelegt, die uns zeigen, wie wir Freundschaft mit uns selbst schließen und Mitgefühl für andere entwickeln können.

Achtsamkeit, Meditation und Psychotherapie[13] bietet einen ausgezeichneten Überblick über Chögyam Trungpas Schriften zu Themen, die in die Psychologie hineinreichen. Zum Beispiel: was man im Buddhismus unter Geist versteht; die Praxis der Meditation; die daraus sich ergebenden Anwendungsmöglichkeiten für die Psychologie mit der Zielsetzung, Probleme wie Selbstzweifel, Niedergeschlagenheit und Depression oder neurotische Prägungen zu lösen.

Lesern, die sich einen Überblick über den gesamten buddhistischen Weg verschaffen wollen, seien folgende Werke des Autors empfohlen: *Spirituellen Materialismus durchschneiden,*[14] *Der Mythos der Freiheit und der Weg der Meditation*[15] und *Weltliche Erleuchtung.*[16]

In *True Perception: The Path of Dharma Art,* edited by Judith L. Lief, Shambhala Publications, Boston/Massachusetts 2008, beschreibt Chögyam Trungpa einen meditativen Ansatz in der Kunst und einen kunstfertigen Umgang mit den Herausforderungen des Alltags. Hier nimmt er in seinen Unterweisungen an vielen Stellen auf den Weg des Shambhala-Kriegers Bezug.

Andere Anknüpfungspunkte

Unter Ocean of Dharma Quotes of the Week finden Sie im Internet Zitate aus Chögyam Trungpas Unterweisungen. Mehrmals in der Woche wird – in der Regel auf Englisch – eine E-Mail mit Auszügen aus Chögyam Trungpas umfangreichem Werk verschickt. Die von Carolyn Rose Gimian ausgewählten Zitate stammen zum Teil aus bislang unveröffentlichtem Material, teils aus demnächst erscheinenden Texten oder aus bereits veröffentlichten Quellen. Geben Sie auf Ihrem Rechner einfach www.oceanofdharma.com ein, um sich die Zitate online anzuschauen oder sich als E-Mail-Empfänger registrieren zu lassen.

Shambhala International ist eine weltumspannende Gemeinschaft mit über 170 Zentren und Gruppen in aller Welt, denen Tausende Mitglieder angehören. Shambhala-Meditationszentren bieten Kurse in Meditation wie auch in anderen Formen von kontemplativer Kunst und Disziplin an. Wenn Sie Näheres darüber wissen wollen, wo Sie persönliche Meditationsanleitung erhalten können, besuchen Sie bitte unter www.shambhala.org die Website von Shambhala International oder unter www.shambhala-europe.org die Website von Shambhala Europa. Unter der letztgenannten Adresse können Sie die gewünschten Informationen wahlweise auf Deutsch, Englisch oder Spanisch lesen. Zum Beispiel finden Sie dort auch ein Verzeichnis aller mit Shambhala verbundenen Zentren in den Ländern Europas. Um sich über Publikationen von Shambhala International zu informieren, können Sie www.shambhalashop.com besuchen.

Das Chögyam Trungpa Legacy Project sorgt für die Erhaltung, Verbreitung und Veröffentlichung von Chögyam Trungpas Dharma-Unterweisungen. Dies beinhaltet unter anderem den Aufbau eines umfassenden virtuellen Archivs und einer auf virtuelle Medien sich stützenden Studiengemeinschaft. Um diesbezüglich Informationen zu erhalten, besuchen Sie bitte www.chogyamtrungpa.com. Wenn Sie an Informationen über das archivierte Werk des Autors interessiert sind, nehmen Sie bitte zu den Shambhala-Archiven Kontakt auf: archives@shambhala.org.

Die *Shambhala Sun* ist eine von Chögyam Trungpa gegründete zweimonatlich erscheinende buddhistische Zeitschrift. Unter anderem enthält sie eine Liste von, unterschiedlichen buddhistischen Überlieferungen angehörenden, Zentren, die in ganz Nordamerika Meditationsanleitung und Kursprogramme anbieten. Um die Zeitschrift zu abonnieren oder ein Probeexemplar zu bestellen, besuchen Sie bitte www.shambhalasun.com.

Außerdem erscheint viermal im Jahr die Zeitschrift *Buddhadharma: The Practitioner's Quarterly*. Dort sind unter anderem Meditationszentren aufgelistet, die Anleitung zur Meditation anbieten. Um ein Abonnement oder ein Probeexemplar in Auftrag zu geben, besuchen Sie bitte www.thebuddhadharma.com.

Die Adressen von Shambhala-Zentren im deutschsprachigen Raum:

Shambhala Training Europe
Kartäuserwall 20
D-50678 Köln
Tel (0)221 3102400

Fax (0)221 3102450
E-Mail: office@shambhala-europe.org
http://www.shambhala-europe.org

Shambhala-Zentrum Wien
Stiftgasse 15-17
A-1070 Wien
Tel & Fax + 01 5233259
E-Mail: info-shambhala@gmx.at
http://wien.shambhala.info

Shambhala-Zentrum Bern
Laubeggstraße 22
CH-3006 Bern
E-Mail: bern@shambhala.ch
http://www.bern.shambhala.ch

Über Chögyam Trungpa

In Tibet geboren, ist Chögyam Trungpa bereits im Kleinkindalter als Inkarnation eines bedeutenden Lehrers erkannt worden. Er gehörte zur letzten Generation, die noch in Tibet die vollständige Ausbildung in den Lehren des tibetischen Buddhismus erhalten hat. In seiner Eigenschaft als Abt der Surmang-Klöster und als Gouverneur des Surmang-Distrikts in Osttibet war Trungpa Rinpoche 1959 zur Flucht aus seiner Heimat genötigt, um der Verfolgung durch die chinesischen Kommunisten zu entgehen. Seine an Entbehrungen reiche Reise über die Gebirgszüge des Himalaya nahm zehn Monate in Anspruch.

Nach einem mehrjährigen Aufenthalt in Indien, wo er vom Dalai Lama als spiritueller Berater einer Ausbildungsstätte für Lamas, der Young Lama School, eingesetzt wurde, immigrierte er nach England. Er hat an der Oxford University studiert und in Schottland das Meditationszentrum Samye Ling gegründet. Nach einem schweren Autounfall im Jahr 1969 – den er als einen Wink verstand, offener und mutiger zu sein – legte Chögyam Trungpa die Mönchsrobe ab, um als Laienlehrer mit seinen westlichen Schülern unmittelbarer kommunizieren zu können. Im Januar 1970 hat er Diana Judith Pybus geheiratet. Mit ihr gemeinsam wurde er wenig später in den USA ansässig. Dort blieb sein Wohnsitz, bis er 1987 starb.

Als einer der ersten tibetischen Linienhalter hat Chögyam Trungpa die buddhistischen Unterweisungen auf Englisch gegeben. Auf die Entwicklung des Buddhismus im Westen übte er so maßgeblichen Einfluss aus. In ganz Nordamerika hat er Hunderte Meditationszentren gegründet, ferner die Naropa University in Boulder/Colorado, die erste buddhistisch inspirierte Universität in den USA. Er wurde zum Anziehungspunkt für Tausende engagierter Schüler, die von ihm Vajrayana-Unterweisungen erhielten – auch in den weiterführenden Formen der Praxis. Daraus ging eine größere Zahl von Schülern hervor, die später ihrerseits Unterweisungen gaben und heute in Nordamerika seine Überlieferungslinie fortführen. Außerdem hat Chögyam Trungpa entscheidend daran mitgewirkt, dass auch andere bedeutende Linienhalter des tibetischen Buddhismus recht zahlreich in die USA gekommen sind, um dort Unterweisungen und Praxis-Einweihungen zu geben.

Darüber hinaus hat Chögyam Trungpa das Shambhala-Schulungsprogramm ins Leben gerufen. Es ist darauf angelegt, eine breite Öffentlichkeit mit Meditation und mit der Tradition der Shambhala-Kriegerschaft bekannt zu machen. Als Autor von mehr als zwei Dutzend weit verbreiteter Bücher über Buddhismus, Meditation und den Weg des Shambhala-Kriegers war er ein ökumenischer Lehrer, der auch das Weisheitswissen anderer buddhistischer Überlieferungen und anderer Religionen erkundet hat. Zugleich hat er sich mit einer kontemplativen Ausprägung der bildenden Kunst, des Designs, der Dichtung, des Schauspiels, aber auch mit weiteren Aspekten der westlichen Kunst und Kultur eingehend beschäftigt und die entsprechenden Kunst- und Kulturformen gefördert.

1987 starb Chögyam Trungpa in Halifax, Neuschottland, im Alter von 47 Jahren. Er hinterließ seine Frau und fünf Söhne. Sakyong Mipham Rinpoche, der älteste Sohn, folgte ihm als Linienhalter und spirituelles Oberhaupt von Shambhala nach.

Für die Einführung des Buddhadharma in der westlichen Welt gilt Chögyam Trungpa weithin als *die* Schlüsselfigur. Große Wertschätzung für die westliche Kultur ging bei ihm mit einem tiefen Verständnis der eigenen Überlieferung einher. Daraus resultierte ein bahnbrechend neuer Ansatz, den Dharma zu lehren. Jene tiefgründigen Lehren, die von alters her überliefert worden waren, wurden auf eine ganz und gar zeitgerechte Art und Weise vermittelt. Als ein unvergleichlicher Lehrer, der mutig die Lehren des Buddha in die Welt trägt – unverzagt, der Reinheit der Überlieferung treu verpflichtet und voll frischer Inspiration – genießt Chögyam Trungpa in aller Welt höchste Wertschätzung.

Anmerkungen

1 Engl.: *touch and go*. (Anm. d. Übers.)

2 *Jigme*: Das *J* wird gesprochen wie dasjenige in *J*azz oder wie der Anfangslaut von *Dsch*ungel. (Anm. d. Übers.)

3 Der Ausdruck „Leckerchen" scheint hier am ehesten geeignet das amerikanische Wort „cookie" wiederzugeben. Denn beide sind von vergleichbarer Doppeldeutigkeit: Ebenso wie „cookie" einerseits „Keks" heißen kann, aber auch „Klasseweib" bzw. „toller Typ", bezeichnet „Leckerchen" in der kölschen Mundart nicht nur eine süße Gaumenfreude, sondern auch „ein lecker Mädche'" oder „'ne lecker Jung". (Anm. d. Übers.)

4 *Ziji*: Der erste Laut entspricht einem ganz weichen *S*; wie in *s*achte. Der Laut zwischen den beiden Vokalen wird gesprochen wie der Anfangslaut von *Jigme*, also wie *J*azz oder wie *Dsch*ungel. (Anm. d. Übers.)

5 Engl.: *accommodation* – die Möglichkeit, Dinge aufzunehmen, sie zu beherbergen. (Anm. d. Übers.)

6 Chögyam Trungpa, *Das Buch vom meditativen Leben – Die Shambhala-Lehren vom Pfad des Kriegers zur Selbstverwirklichung im täglichen Leben*, übers. v. Jochen Eggert, Scherz, München 1986.

7 Chögyam Trungpa, *Große Östliche Sonne – Die Weisheit von Shambhala*, übers. v. Stephan Schuhmacher, Arbor, Freiamt 2004.

8 Chögyam Trungpa, *Great Eastern Sun: The Wisdom of Shambhala*, Shambhala Publications, Boston/Massachusetts 1999. (*Große Östliche Sonne*, a. a. O.)

9 Chögyam Trungpa, *Das Buch vom meditativen Leben*, a. a. O.

10 Chögyam Trungpa, *Große Östliche Sonne*, a. a. O.

11 Chögyam Trungpa, *Klarer Geist, mutiges Herz – 53 Karten, die uns auf dem Pfad des Shambhala-Kriegers begleiten*, übers. v. Michael Schäfer, Arbor, Freiamt 2009.

12 Chögyam Trungpa, *Erziehung des Herzens - Buddhistisches Geistestraining als Weg zu Liebe und Mitgefühl*, übers. v. Ulli Olvedi, Arbor, Freiamt 2000.

13 Chögyam Trungpa, *Achtsamkeit, Meditation und Psychotherapie – Einführung in die buddhistische Psychologie*, übers. v. Michael Schäfer, Arbor, Freiamt 2006.

14 Chögyam Trungpa, *Spirituellen Materialismus durchschneiden*, übers. v. Sylvia Luetjohann, Theseus, Küsnacht 1989.

15 Chögyam Trungpa, *Der Mythos der Freiheit und der Weg der Meditation*, übers. v. Sylvia Luetjohann, Theseus, Küsnacht 1989.

16 Chögyam Trungpa, *Weltliche Erleuchtung – Die Weisheit Tibets für den Westen*, übers. v. Irmentraud Schlaffer, Arbor, Freiamt 2002.

Register

F

G

H

I

K

L

M

N

O

P

V

W

Y

Z